ESENCIA DIVINA

Otros libros de John-Roger

Abundancia y Conciencia Superior
Amando cada Día
Caminando con el Señor
¿Cómo se Siente ser Tú?, con Paul Kaye
¿Cuándo Regresas a Casa?, con Pauli Sanderson
Dios es tu Socio
Drogas
El Camino de Salida
El Cristo Interno y los Discípulos del Cristo
El Descanso Pleno, con Paul Kaye
El Guerrero Espiritual
El Sendero a la Maestría
El Sexo, el Espíritu y Tú
El Tao del Espíritu
La Conciencia del Alma
La Familia Espiritual
La Fuente de tu Poder
La Promesa Espiritual
Manual para el Uso de la Luz
Momentum: Dejar que el Amor Guíe, con Paul Kaye
Mundos Internos de la Meditación.
Pasaje al Espíritu
Perdonar: La Llave del Reino
Posesiones, Proyecciones y Entidades
Sabiduría Sin Tiempo
Viajes Durante los Sueños

Para mayor información, contactarse con el:
MSIA
P.O. Box 513935
Los Angeles, CA. 90051-1935 – EE.UU.
Teléfono: (323) 737-4055 en EE.UU.
pedidos@msia.org   www.msia.org

ESENCIA DIVINA

(*B a r a k a*)

JOHN-ROGER

MANDEVILLE PRESS
Los Angeles, California, EE.UU.

Copyright © 1990, 2010
Peace Theological Seminary & College of Philosophy®

Todos los derechos reservados, incluido el derecho de reproducción parcial o total por cualquier medio.
Traducción revisada por Reymi Urrich
Coordinación por Nora Valenzuela
Impreso en los Estados Unidos de Norteamérica

Mandeville Press
P.O. Box 513935
Los Angeles, California 90051-1935, EE.UU.
jrbooks@msia.org
Visítanos en la Web en www.mandevillepress.org

I.S.B.N. 978-1-893020-35-1

ÍNDICE

INTRODUCCIÓN
página vii

1
PRESENCIA DIVINA
página 1

2
ESENCIA DIVINA
página 21

3
LA MIRADA PROFUNDA DE DIOS: TWAJI
página 59

4
VIVIENDO LA ESENCIA DIVINA
página 91

5
UN EMISARIO DE DIOS
página 123

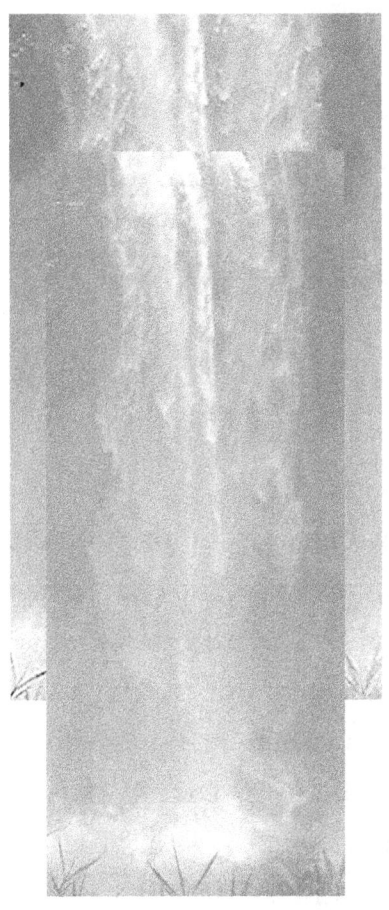

Introducción

John-Roger

La fuerza, que es el señor supremo de todos los universos, es tan omnipotente y va tanto más allá de lo que la mente humana puede visualizar, que no hay palabras para describirlo o para dotarlo de significado. Sin embargo, como el lenguaje es una forma fundamental de la comunicación, usamos como punto de referencia las palabras que tienen sentido para la mayoría de nosotros.

Introducción

Todos somos seres espirituales.
Todos somos de Dios.
Todos somos del Espíritu.
No existe nada que no sea de Dios.
No existe nadie que no sea del Espíritu.

JOHN-ROGER

La chispa de dios individualizada dentro de cada ser humano es el Alma, que es el elemento básico de nuestra existencia. El Alma está eternamente conectada a Dios, de manera íntima y perfecta. Ella es la fuente de la cual extraemos nuestra vida.

Introducción

La naturaleza y esencia del Alma es la dicha.
El alma es dichosa, porque ella es de Dios y lo sabe.

John-Roger

La conciencia humana es un poco distinta. Está hecha de elementos aparte del Alma, y esos elementos -que son el cuerpo, la imaginación, las emociones, la mente, el subconsciente y el inconsciente- pueden nublar la claridad de la visión espiritual e interferir con nuestra habilidad para percibir al Espíritu de manera directa.

Introducción

Los elementos internos de la conciencia humana, en su mayor parte invisibles, son de hecho microcosmos de niveles de existencia externos y más grandes. Dentro de todos nosotros existe un mundo rico en sentimientos, pensamientos, imaginación, etc. Podríamos invertir una enorme cantidad de tiempo explorando esas realidades internas y, sin embargo, sólo son un reflejo en miniatura de lo que existe afuera de nuestra propia conciencia. El comienzo de la película Contacto representa muy bien a nivel visual lo que estoy describiendo. Ves mundos y universos aparentemente infinitos, que lentamente se revelan dentro del ojo de una niña.

John-Roger

Algunos reinos, tanto dentro de nosotros como en nuestro entorno, son de naturaleza positiva y otros son de naturaleza negativa. No son ni "buenos" ni "malos", que es como tendemos a calificar las cosas, sino como la polaridad positiva y negativa de una batería. La unión de esas dos polaridades genera movimiento y acción, que es la dinámica de la vida. La una produce una atracción más hacia adentro y la otra, un movimiento más hacia fuera.

Introducción

El mundo físico es una pequeña porción de nuestra realidad externa. La imaginación, así como los otros niveles de conciencia, no son tan obvios, pero los conocemos. Nuestro cuerpo físico vive y se mueve en el mundo físico. Aquí tenemos experiencias con las cuales ojalá aprendamos y crezcamos. Sin embargo, la conciencia humana es intrincada y existe también en muchos otros niveles. El mundo físico y todos nuestros niveles de conciencia, incluyendo la mente, las emociones, la imaginación y el inconsciente son sólo el diez por ciento de nuestra existencia total.

John-Roger

Por cada nivel de conciencia en nuestro interior, existe un nivel externo a través del cual podemos experimentar nuestras creaciones, y, finalmente, aprender y crecer. Nuestra imaginación personal interna funciona en el reino "astral" afuera de nosotros, en donde dotamos de realidad a nuestras fantasías y a nuestras escenas imaginarias, a menudo creando nuestros propios "monstruos", ilusiones y desilusiones, hasta que nos damos cuenta de que hay mejores maneras de guiar a nuestra imaginación.

El plano causal de existencia nos refleja las cualidades emocionales de nuestra conciencia. En ese nivel podemos experimentar nuestras creaciones emocionales y el poder que ellas tienen.

El reino mental corresponde a la mente con todas sus confusiones y dudas, así como con toda su claridad y todo su impulso dinámico.

El reino etérico es un área en donde se manifiesta el poder de nuestro subconsciente y de nuestro inconsciente. Allí es donde solemos almacenar los asuntos "incompletos", las cosas que no queremos enfrentar y que ponemos en el "fondo de nuestra mente". Pero, a pesar de lo que deseamos, ellas no desaparecen: afloran a la superficie, por lo general en los momentos y de las formas más impredecibles, dándonos la oportunidad de enfrentar y completar lo que alguna vez comenzamos.

Introducción

Todos estos niveles, siendo tan intrincados y exigentes, son sólo una pequeña parte de nuestra conciencia. Son el polo "negativo" de la batería. La influencia y el poder que poseen tienen el propósito de mantenernos estrechamente involucrados con ellos.

JOHN-ROGER

EL ALMA es positiva por naturaleza. El reino del Alma y los reinos del Espíritu por encima del Alma fueron diseñados para elevarnos y proporcionarnos libertad. Los mundos inferiores pierden su influencia en los reinos positivos. Se aclaran el plan y el propósito de los mundos inferiores y en esa claridad hay libertad.

Introducción

Como una analogía de la manera en que funcionan los mundos negativos, supongamos que vas caminado por un sendero en medio de las montañas y que tu hogar está como a quince kilómetros. Comienzas tu viaje sintiéndote a gusto. Todo está muy bien. Entonces llegas a un área en donde el terreno se vuelve escabroso. Hay árboles caídos en el camino, fango, rocas y precipicios. La niebla desciende y comienza a llover. Te resulta difícil encontrar la ruta. Cuando intentas una vía, te lastimas la pierna o te tuerces el tobillo. Tu cuerpo físico siente frío y los músculos te duelen. Te sientes cansado y pierdes el entusiasmo por este viaje.

John-Roger

En tu imaginación comienzas a considerar la posibilidad de que los quince kilómetros completos sean igual de abruptos. Comienzas a crear la imagen de que la situación no va a mejorar, y no sabes cómo lograrás llegar a casa. Tus emociones empiezan a reaccionar ante la escena imaginada y comienzas a sentirte desmoralizado y deprimido. Cuando llegues al siguiente árbol caído en el camino, aún más grande que los anteriores, y no encuentres la forma de sobrepasarlo, es posible que te eches a llorar.

Introducción

Entonces, tu mente entra en acción y, basado en lo que creaste en tu imaginación, piensas que podría haber otra forma de llegar a casa; que tal vez sea posible que encuentres el camino si tomas otra dirección completamente distinta. Así que sigues esa "nueva" dirección y te apartas del camino que te conduciría a casa.

John-Roger

EL NIVEL INCONSCIENTE absorbe toda la información proveniente de la mente, de las emociones y de la imaginación, pero no tiene ninguna herramienta para expresarse en esos niveles. Sólo guarda la información y luego te la recuerda, de modo que cada nueva vuelta del camino se convierte en un elemento de la vuelta anterior, y aflora toda clase de temores e ilusiones vagas en tu conciencia. Te asustan y te confunden, impidiendo que veas con claridad lo que realmente está a tu disposición en cada momento del viaje.

Introducción

Todos estos aspectos van y vienen en tu conciencia, a veces tan rápido que no te das cuenta de lo que haces internamente. En el transcurso de tu experiencia, te sientes perdido, desubicado, confundido y asustado, tratando de encontrar el camino a casa.

John-Roger

Cuando logras superar todos esos niveles negativos y percibir desde tu Alma, desde el aspecto positivo tuyo, te elevas en conciencia, ves dónde queda tu hogar y encuentras el camino que te conduce allí. Y aunque el terreno escarpado se extienda los quince kilómetros completos o sólo uno, sabes lo que tienes que hacer para recorrer el camino.

Introducción

EN ESE PUNTO, puedes retomar tu viaje y usar todos tus niveles de conciencia como herramientas a tu favor. Puedes usar el cuerpo para que te traslade por el camino hacia tu meta; la imaginación, para crear la escena de llegar a casa a salvo y las emociones, para mantenerte feliz y dichoso. Usas la mente para elegir una dirección efectiva y para mantenerte enfocado en seguir la trayectoria. Y usas las áreas del inconsciente para fortalecerte, mientras aprendes a distinguir la realidad de la ilusión.

JOHN-ROGER

Guías y Maestros

DENTRO DE ESTA MATRIZ de niveles negativos y positivos están aquellos que son iluminados, aquellos que han descubierto cómo funcionan y encajan los distintos niveles entre sí, aquellos que tienen la experiencia directa del Alma y del Espíritu. Los llamamos maestros y grandes educadores de la humanidad. Ellos apoyan a la gente a despertar a su gran destino; enseñan el amor de Dios y el plan de Dios.

Introducción

Al vivir en los reinos más elevados de la Luz, estos grandes maestros y educadores están imbuidos de la energía positiva del Espíritu. Y cuando vienen a los mundos inferiores, traen esa energía con ellos.

El Alma dentro de cada persona reconoce intuitivamente la energía del Espíritu como su realidad superior y se orienta hacia ella. Cuando el Alma comienza a retornar hacia su verdadero hogar, el poder de atracción de los niveles inferiores se debilita y cesa. A medida que nos vamos sintonizando con nuestra Alma, empezamos a aprender y nuestra conciencia de Dios se profundiza, y finalmente somos capaces de trascender los niveles inferiores de conciencia y alcanzamos nuestro hogar en el Espíritu.

JOHN-ROGER

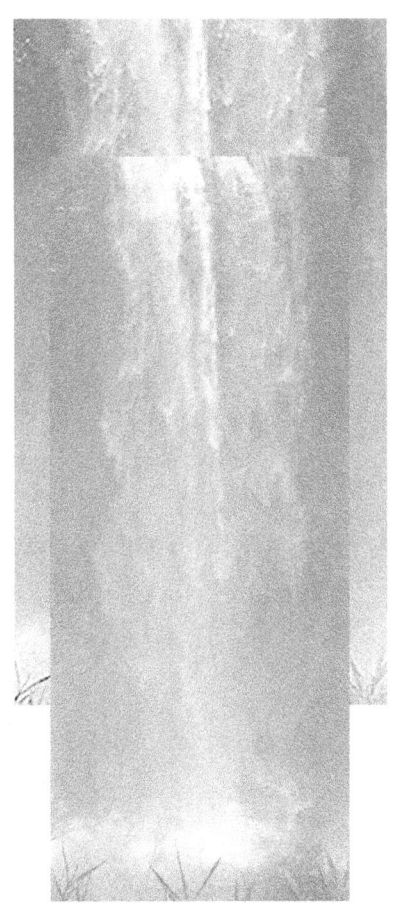

I
Presencia Divina

John-Roger

El espíritu es la fuerza que te da la vida,
tu energía y tu poder.
Es la chispa de lo divino, que es la fuente
de tu divinidad o bondad.

Presencia Divina

Existen infinitos niveles de conciencia e infinitas dimensiones de tiempo y espacio dentro de una multitud de universos. El planeta Tierra es sólo uno de los muchos reinos de la Luz. La conciencia completa en todos los reinos de la Luz, incluyendo la Tierra, es parte de un orden y de un plan más vasto de desarrollo espiritual.

John-Roger

La conciencia espiritual de la humanidad se extiende a través de todos los reinos, desde su hogar en el reino del Alma hasta el nivel físico. En ese sentido, existe en todos los reinos simultáneamente. Sin embargo, tu conciencia puede ser mayor en relación a un reino que a otros, dependiendo del desarrollo individual de tu conciencia.

Presencia Divina

La mayoría de la gente tiene más conciencia de esta tierra física, así como de la imaginación, de las emociones, de la mente y del subconsciente, y muy poca o ninguna conciencia de los reinos superiores del Alma y del Espíritu.

Sin embargo, existen personas cuya conciencia está altamente desarrollada. Ellas están conscientes no sólo del mundo físico, sino también de los reinos superiores del Espíritu. Esas personas son los grandes educadores, gurúes y maestros que han venido a enseñar y a mostrarle el camino a aquellos que están dispuestos a recorrer el sendero espiritual.

John-Roger

Hay grandes maestros que vienen de los reinos inferiores de la Luz. El mensaje que transmiten puede elevar e inspirar, y las habilidades que demuestran pueden ser milagrosas.

Algunos maestros están conectados a una conciencia universal de los reinos superiores y positivos de Espíritu puro. Están conscientes de todos los niveles de conciencia y tienen la habilidad de trabajar con ellos, de enseñar, de guiar y de mostrarle el camino a "casa" a aquellas Almas que están listas para elevarse y salir del ciclo de los niveles inferiores, y regresar al reino del Alma.

Presencia Divina

Jesús el Cristo fue uno de esos Maestros. Como fue un ser tan poderoso y su impacto tan grande en el mundo Occidental, la gente de la cultura Occidental comúnmente se relaciona con el Cristo o con la Conciencia del Cristo como una manifestación de ese nivel superior del Espíritu. Los judíos y los cristianos comparten esa tradición, y aunque los judíos no reconocen a Jesús como el Mesías, el concepto del Mesías es un aspecto muy importante de su tradición.

John-Roger

EL CRISTO es una conciencia universal que existe dentro de todos, aunque algunas personas están más conscientes de ella. Las enseñanzas de Cristo (no la interpretación que hacen las iglesias sobre las enseñanzas de Jesús, sino el mensaje que Él trajo) son universales. No entran en conflicto con ninguna otra enseñanza, sino que abarcan a todas las otras enseñanzas gracias el enfoque universal que ellas poseen.

La conciencia del Cristo es la conciencia de Espíritu puro. Existe dentro de todos nosotros a través del Alma.

Presencia Divina

El alma individual del hombre existe como el Cristo interno. Como la mayoría de la gente está consciente de una manera imperfecta del Cristo interno, en el planeta siempre hay por lo menos una persona que manifiesta al Cristo. Dicha persona demuestra esa conciencia superior para que otros puedan verla y reconocerla.

JOHN-ROGER

EL CRISTO interno de una persona puede despertar al Cristo en otros. Cuando percibes la conciencia del Cristo, comienzas a despertar a esa expresión superior dentro de ti.

Presencia Divina

Existe una linea de maestros espirituales llamada "Viajeros Místicos", que trabaja directamente a través de la línea del Cristo. En otros lugares, en donde el Cristo no es el foco de la fuerza espiritual universal, esta línea de maestros espirituales viene a través del Todo, del Ello de Sí Mismo o del Dios Supremo que no tiene nombre. La conciencia del Viajero Místico, como emisario de Dios, obtiene su energía de los reinos espirituales puros.

John-Roger

EL VALOR QUE TIENE EL VIAJERO MÍSTICO es que él ya ha atravesado los reinos de la Luz, se ha prolongado hacia la forma física, y ahora usa la forma física para darte las enseñanzas a nivel verbal. Te explica que hay mucho más en tu existencia que tu cuerpo, tu mente o tus emociones; que eres mucho más que tu expresión física.

Presencia Divina

EL VIAJERO MÍSTICO también tiene la habilidad de acceder a la conciencia interna y de fortalecer tu conocimiento del Alma, hasta que comiences a sentir ese movimiento dentro de ti. Cuando sientas que algo está sucediendo, tal vez corras a buscar el libro más cercano para leer lo que podría ser. El libro no te va a dar la experiencia, aunque si está escrito por alguien que sabe lo que ocurre, lo puedes usar para explicarte tu experiencia. Cada vez que leas algo, debes verificar la información tú mismo, a tu manera y con la integridad de tu propio ser.

John-Roger

AQUELLOS QUE HAN SOSTENIDO las llaves de la Conciencia del Viajero Místico en el pasado han traído a la humanidad un mensaje de amor, armonía, equilibrio, honestidad e integridad. Algunas veces esos mensajes espirituales se han dado públicamente, de manera abierta y directa. En otros momentos, los Viajeros Místicos viven en el anonimato, sosteniendo en silencio la energía espiritual como un ancla del Espíritu en este mundo.

Algunas figuras históricas que sostuvieron las llaves de la Conciencia del Viajero son Rama, Eli-Hu y Jesús, El Cristo. En todo momento alguien sostiene las llaves de esta conciencia, aunque no siempre trabaje abiertamente con la gente. Gran parte del trabajo de los Viajeros se hace en silencio, en la conciencia interna.

Presencia Divina

OBSERVA EL MENSAJE de cada uno de estos Viajeros de la Luz y el Sonido y verás que el mensaje siempre es el mismo. Los mensajeros que portan la Luz y el Sonido han presentado el mismo mensaje una y otra vez, porque la gente lo sigue olvidando o lo sigue corrompiendo.

John-Roger

SÓLO UNAS CUANTAS PERSONAS sobresalen como pináculos de esa fuerza de Luz, permitiendo que los utilicen como transformadores de esa elevada energía espiritual, para que ella se pueda usar en este mundo. Cada persona que ha sido dotada con este conocimiento a nivel divino viene a reestablecer el antiguo mensaje, a traer una dispensa específica para su momento y a implantarla en la conciencia de la humanidad. Ésta es la gloria espiritual de la cual todos somos herederos.

Presencia Divina

EL MENSAJE UNIVERSAL del Espíritu se hace presente una vez más. Hace dos mil años, Jesús dijo: "Aquel que cree en mí hará el mismo trabajo que yo hago y aun trabajos mayores que los que yo hago, porque yo voy hacia mi Padre"; (Juan 14:12). ¿Qué significa ese mensaje? ¿Estaba hablando de Su forma física? No. Hablaba de la conciencia espiritual. Hablaba desde la conciencia del Cristo cuando dijo: "Yo soy el Alfa y el Omega"; (Apocalipsis 1:8). Ése es el Espíritu de Cristo que está en todos nosotros.

John-Roger

MAHOMA DIO EL MENSAJE como siervo de Dios cuando dijo que Dios es como todo y que Dios está en todo. Luego proclamó: "No existe nada sino Dios". Dios constituye el ser total, tanto a nivel individual como colectivamente. Cada Alma tiene el mensaje divino en sí misma, no necesariamente en la personalidad, ni en la mente ni en las emociones, sino en el Ser, que es la misma esencia a la cual los cristianos llaman el Cristo. La esencia es la misma, independientemente de la tradición que reflejen las palabras.

De nuevo, el mensaje de esta época es: "No existe otro Dios que Dios". Ése siempre ha sido y siempre será el mensaje. No existe otro. Puedes despertar a esa verdad cuando alguien te hable desde el centro-de-Dios, porque esa esencia toca y activa esa misma esencia dentro de ti.

Presencia Divina

EN ESTA ÉPOCA, se comparte una vez más el mensaje espiritual sobre nuestra unidad con Dios, y además se da otro regalo. El mensaje ha sido que en los últimos días, Dios derramará su Espíritu sobre la humanidad y hará que el corazón que ha permanecido duro se vuelva tierno y amoroso. Ese es el mensaje ahora, para estos tiempos.

John-Roger

UNA ERA DE CONCIENCIA está llegando a su fin, y estamos quitando el seguro y abriendo de par en par las puertas a una nueva era. Una vez más se le brinda la oportunidad de trascender los niveles inferiores y de pasar directamente a la Conciencia del Alma a esas Almas que la pueden reconocer.[1]

---

[1] La Trascendencia del Alma es el trabajo que se hace a través del Movimiento del Sendero Interno del Alma. Para mayor información, contactar al MSIA, escribiendo a P.O. Box 513935, Los Angeles, CA, EE.UU., llamando por teléfono al (323) 737-4055 (EE.UU.), enviando un correo electrónico a pedidos@msia.org o visitando www.msia.org.

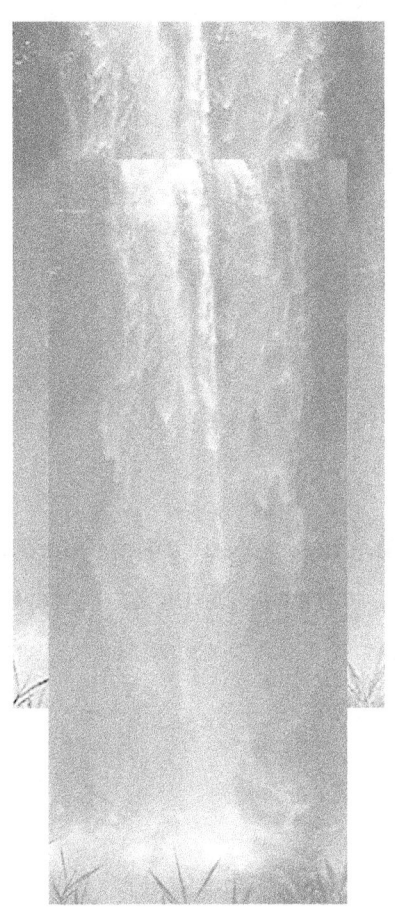

2
Esencia Divina

JOHN-ROGER

BARAKA...UNA ESENCIA DIVINA
QUE SE EXTIENDE DESDE EL ESPÍRITU
HACIA LA CONCIENCIA HUMANA.

Esencia Divina

Parte del mensaje espiritual se apoya en la frecuencia de ciertas palabras. Al final de los seminarios y de las Disertaciones del Conocimiento del Alma usamos dos palabras muy antiguas: "Baruch Bashan", que significan "las bendiciones ya existen". Es una declaración que afirma que todas las bendiciones, que alguna vez van a manifestarse, ya están presentes aquí y ahora; todo lo que tienes que hacer es cambiar a la posición de tomar conciencia de esas bendiciones. La frecuencia de esas palabras hebreas transfiere de por sí las bendiciones a tu conciencia.

John-Roger

Dentro de la linea de antiguos maestros de la tradición Sufí existe una palabra que se usa especialmente en el silencio interno para invocar lo que podría llamarse "la virtud del cielo". La palabra Baraka invoca una protección especial y brinda una elevación también especial. No es tan poderosa como las palabras Baruch Bashan, pero es poderosa.

Esencia Divina

Baraka representa una esencia divina, otorgada desde el Espíritu a la conciencia humana. Las personas que han ascendido a los reinos superiores de la Luz reciben esa esencia, la traen a este nivel y la pueden conferir a otros.

PUEDES LEER un libro y luego otro y otro, y obtener grandes niveles de información mental. Sin embargo, hasta que no puedas encontrar a alguien que te dé Baraka, la información sin la experiencia será de poco valor.

Esencia Divina

Si recibes baraka y lo dejas entrar en ti, fluirá por cada centro de tu ser y te transformará a medida que te eleve. Baraka es una esencia de energía divina, de amor divino.

LA EXPERIENCIA DE BARAKA se describe de muchas formas. Se la llama "Espíritu Santo", "gracia", "ver la Luz" y "escuchar el Sonido". Baraka es una experiencia universal.

Esencia Divina

La simbología de la palabra Baraka es interesante. Significa tomar de arriba y dar hacia arriba, tomar de abajo y dar hacia arriba, tomar de arriba y dar hacia abajo, y tomar de abajo y dar hacia abajo. En consecuencia, tal como recibes, das y tal como das, recibes. Ambas acciones existen simultáneamente en un fluir constante.

JOHN-ROGER

Algunas personas están ocupadas recibiendo solamente. Si eso es lo que tú haces, el Baraka dentro de ti se vuelve rancio y estancado. Es como un río o como una corriente de agua que fluye hacia un lago que no tiene desagüe: el lago se vuelve salobre y muerto. Pero si la corriente fluye hacia algo que entrega continuamente, permanece siempre fresca y viva. Cuando haces buenas obras, el Espíritu te entrega Baraka sin parar. Cuando piensas que "lo lograste", que "lo alcanzaste" o que "ya no lo necesitas", te lo deja de dar. Entonces tú mismo tienes que producirlo (lo cual es un poco difícil) o fingirlo (lo cual es un engaño).

Esencia Divina

No me gusta hablar de engaño espiritual, pero hay gente que intentará engañarte en relación con los asuntos espirituales. Existen métodos para probar al Espíritu y evitar que caigas en situaciones de engaño. Usa esos métodos para comprobar lo que te digo. Si no encuentras una resonancia dentro de ti, tal vez esto no sea para ti. Descubrirás muy pronto si eres capaz de trabajar y vivir dentro de estas enseñanzas espirituales.

John-Roger

La forma de probar al espíritu es muy simple. Dondequiera que vayas pide que la Luz de Dios te rodee, te proteja y te llene. Envíala delante de ti a dondequiera que vayas, para que siempre seas bien recibido. Cada vez que encuentres a alguien, pide que esta Luz se coloque entre ustedes, no como una barrera, sino por claridad. Pide que el mayor bien se haga presente.

Cuando la gente te hable, pregúntate: "¿Esto es verdad para mí?". No puedes preguntar si es verdad para todo el mundo, porque no existe una verdad real para todo el mundo—excepto Dios. Una vez que encuentras a Dios, de hecho encuentras la verdad universal.

Esencia Divina

Cuando escuches la información que te presentan, coloca la Luz entre tú y tu interlocutor para que haya un canal claro de comunicación. Cierra los ojos un instante y pide: "Si la información que estoy escuchando no es verdad para mí, me gustaría que me lo mostraran de una forma clara. Y si la información es correcta para mí, me gustaría experimentar la presencia de la Luz y del Espíritu dentro de mí de una forma que me eleve". Si pides claridad de esta manera, el Espíritu te dará retroalimentación. Tal vez se te ponga la carne de gallina o sientas calor o frío en la coronilla. Puedes sentir que tu energía se incrementa o quizás una sensación o una pulsación en la frente. El Espíritu puede señalarte su presencia de muchas formas. Si la situación no es buena para ti, tal vez te sientas inquieto y con la necesidad de escapar o de irte a dormir, y desubicado por unos minutos. Vas a recibir la respuesta y lo sabrás. Ésta es una forma de decidir la validez—para ti—de lo que escuchas.

John-Roger

Ten presente que algo puede ser válido para una persona y no para otra. El antiguo proverbio "lo que es medicina para un hombre puede ser veneno para otro", encierra una gran verdad. Todos debemos participar en la vida de acuerdo a nuestra procedencia y adonde nos dirigimos, de acuerdo con nuestro propio destino. No puedes pedir la verdad para todo un grupo; sólo puedes pedir la verdad para ti. Y tienes derecho a pedir la verdad para ti, pero no tienes derecho a imponer tus preferencias ni tu verdad a otros.

Esencia Divina

Algunas personas creen ciegamente todo lo que leen o todo lo que escuchan. Ésa no es la forma más beneficiosa de manejar tu vida. No es espiritualidad práctica. Cuando escuches alguna información, anda a casa y contémplala. Ve si tiene alguna lógica que se acomode a ti. Luego, mira cómo y si acaso puede servirte en tu vida.

John-Roger

Tal vez digas: "Me da la sensación de que esa información no es para mí, porque no se aplica a ninguna de mis situaciones". Ése puede ser un punto de vista válido para ti en el momento. Sin embargo, una semana después, puede que llegue alguien y te diga: "Tengo este problema y no sé cómo manejarlo". Entonces, recordarás la información que "no era para ti" y la compartirás con la persona. Es posible que ella te lo agradezca y te diga que eso era exactamente lo que necesitaba escuchar.

Esencia Divina

A esas experiencias las llamamos los "milagros" de trabajar con la Luz, en donde permites que la Luz fluya hacia otros a través de ti. Una información que tal vez no te sirva en un momento dado, puede ser apropiada para otra persona en el futuro, permitiéndote servirla y apoyarla. El Baraka que recibes se extiende de esa forma a otros y la circulación se mantiene en movimiento.

Existen muchos aspectos en el trabajo que se puede hacer contigo a través del maestro espiritual. Por extraño que parezca, una parte de ese trabajo es enseñarte a manejar este nivel físico de una forma más eficiente, describiéndote y mostrándote técnicas que te ayuden a vencer las trampas de la mente, las emociones y el cuerpo.

El trabajo, en gran medida, es otorgarte Baraka, lo que te dará energía, fuerza y fortaleza para sobreponerte a la negatividad y elevar tu conciencia hacia lo positivo.

Y una parte aún más importante es trabajar contigo para establecerte en la conciencia del Alma, en los reinos del Espíritu puro, para liberarte de que quedes girando interminablemente en los niveles inferiores. La mayor dicha que puedes llegar a experimentar surge cuando desarrollas la habilidad de trascender conscientemente la forma física a través de la trascendencia del Alma.

Esencia Divina

El conocimiento mental de esos niveles superiores no es suficiente. Puedes "saber" mucha información sin conocerla realmente. Puedes leer sobre lo que otro ha experimentado y "saberlo" a nivel intelectual, pero mientras no tengas la experiencia, el proceso es como el de un niño que ve un rayo de luz en una pared y va a la pared para coger la luz. Ese rayo de luz es sólo un reflejo de la luz, no es la fuente. Sin embargo, mucha gente hace algo similar, yendo al mundo para ver quién les puede reflejar la Luz; buscan una forma de Luz, pero no recurren a la fuente para encontrarla.

Te puedes engañar constantemente dando crédito a tus ilusiones, lo que genera pesimismo y duda. Entonces, te pierdes el Baraka que se te otorga permanentemente. Cuando usas tu experiencia de maestro, tu confianza crece.

JOHN-ROGER

Hay un cierto tipo de conocimiento que no llega necesariamente a través de la experiencia, sino de una convicción interior que simplemente sabe. Ustedes que son hombres, saben que son hombres, y ustedes que son mujeres, saben que son mujeres. No necesitan ninguna fuente externa que lo valide para saberlo. Eres lo que eres. A veces, cuando te presentan enseñanzas espirituales, surge dentro de ti ese tipo de conocimiento intuitivo. Tú sabes la verdad de ellas.

Esencia Divina

Todo lo que se te entrega es Baraka; tú eliges si quieres convertir todas las cosas en Baruch Bashan. Nadie puede cambiar tu actitud hacia eso: es algo que tú cambias, si eliges hacerlo. Cae bajo tu responsabilidad.

John-Roger

Los maestros espirituales de la Luz y del Sonido pueden brindarte un amor que nadie más te puede dar; es un amor que no te posee y que tampoco permite que nada te haga daño; eso también es Baraka. Esta antigua palabra Sufí es indescriptible y supera toda definición. Es la esencia pura del Espíritu. Es la Fuente, no el reflejo.

La forma espiritual representada en un maestro espiritual obtiene su poder de esa Fuente. Es un emisario del Dios Supremo. No es un reflejo, aunque el cuerpo físico de un maestro sea un reflejo.

Esencia Divina

Cuando ves a un maestro espiritual o lees o escuchas sus palabras, estás experimentando reflejos de la conciencia de Baraka, el Baruch Bashan. Esa esencia reside dentro de cada Alma individual, protegida perfectamente. Las manifestaciones físicas son una imagen refleja de la gran realidad espiritual, y aunque se pueden distorsionar, siguen siendo parte de la expresión espiritual.

JOHN-ROGER

UN MAESTRO ESPIRITUAL está simultáneamente en contacto con el mundo y con el Espíritu. La mayoría de las personas son como las manzanas que cayeron del árbol (la Fuente) al suelo. El maestro espiritual es como una manzana que mantiene su conexión con el árbol, en una rama que se ha doblado hasta tocar el suelo. La manzana está en el suelo con las otras manzanas, pero sigue conectada al árbol.

Esencia Divina

Los silenciosos—que son fuerzas espirituales que tienen origen en Dios, el Señor de los reinos positivos del Espíritu—trabajan en línea directa con la energía de los Viajeros Místicos. Es muy difícil encontrarlos e identificarlos, por la simple razón de que son silenciosos. Para encontrarlos, también debes estar en silencio.

La gente me pregunta con qué frecuencia estoy en contacto con los Silenciosos y la respuesta es: "¿Con qué frecuencia estás en contacto con tus ojos?" Todo el tiempo. Pero cuando miras algo, ¿lo ves o tu mente se distrae y no lo puedes ver?

Contactarse con los Silenciosos es un proceso similar. Cuando te enfocas en eso, descubres que en realidad nunca te alejaste de esa gran conciencia.

John-Roger

El trabajo que se realiza en este mundo físico puede distraer tu atención del Espíritu. Hacerle preguntas al Espíritu tales como: "¿Debería conseguir otro trabajo, mudarme a otra ciudad o encontrar otros amigos?", en última instancia no te llevan a una conciencia superior.

El trabajo del Espíritu contigo es mucho más fácil cuando tú manejas el nivel del "diez por ciento" de este mundo de la forma más eficiente que puedas, con tu nivel actual de conocimiento y tu capacidad. No puedes alcanzar una certeza al cien por ciento respecto a nada en este mundo, porque sólo tienes el diez por ciento de tu conciencia total aquí. Haz lo mejor que puedas con ese diez por ciento; funciona lo más cerca que te sea posible del cien por ciento de tu diez por ciento.

Esencia Divina

Las personas que funcionan a la capacidad total del nivel del diez por ciento son conocidas como genios—o, a veces, como excéntricas—porque son leales a su propia conciencia y no a las opiniones del mundo. Cuando eres leal a ti mismo, aprendes a mantener la dignidad de tu propia conciencia divina. Entonces, independientemente de lo que te pida tu familia, tu jefe, tus amigos o cualquier persona, podrás responder con alegría, como expresión y manifestación del Baraka. Podrás pasar por alto las preocupaciones sobre lo que "la otra gente podría pensar o decir" y pasar a la acción.

JOHN-ROGER

Si no estás sintonizado con el Espíritu no vas a experimentar Baraka, sin importar qué tanto tu mente te diga que sí. Si estás sintonizado con el Espíritu, cualquier cosa que hagas, sea grande o pequeña, puede ser un medio para compartir el amor divino con los demás. Tal vez te descubras atándole los cordones de los zapatos a un niño, limpiando el garaje de un amigo, sacrificando tu sábado en la playa por ayudar a alguien, haciendo tus ejercicios espirituales[2], enviando la Luz a los que necesitan amor y apoyo, o cualquier cantidad de otras cosas.

---

[2] Los ejercicios espirituales son una forma activa de meditación. Para mayor información, consultar el libro de John-Roger, Los Mundos Internos de la Meditación.

Esencia Divina

Cierta vez que me bajaba de un avión, noté que una pequeña mujer trataba infructuosamente de sacar su equipaje del compartimiento superior. Yo podría simplemente haber seguido de largo, como los demás, pero era una oportunidad de compartir Baraka. Le bajé la maleta, esperé hasta cuando hubo juntado todas sus pertenencias y salido al pasillo. Ella comenzó a resplandecer; la irritación que hubiera podido bloquearla desapareció y permaneció clara. Una conocida mía, que venía en el mismo avión, presenció la escena. Encontró que era maravilloso que yo hubiera ayudado a esa mujer con el equipaje, que hubiera esperado a que ella saliera delante de mí, yendo mucho más lento para poder ayudarla. Pero compartir Baraka había sido mi verdadero placer.

John-Roger

Todo lo que el espíritu te pide es que evoluciones hacia una conciencia espiritual mayor y que compartas tu despertar con otras personas. Y el Espíritu hará todo lo que pueda hacerse para apoyarte en ese proceso de trascendencia. Eso no significa necesariamente que se te eviten las cosas difíciles; puede significar que se te dé todo el amor y el apoyo que necesitas para manejar tus desafíos. Esa ayuda puede llegarte de los demás, a medida que la esencia divina fluya hacia ti a través de ellos.

Esencia Divina

Con demasiada frecuencia la gente quiere ser el "maestro" de los que lo rodean, ser "el gran salvador espiritual" y liderar el próximo éxodo a Venus. No hay problema con eso, si tu interés es quedarte en estos niveles inferiores. Sin embargo, si vas a liderar el próximo éxodo masivo hacia los reinos espirituales, lo mejor es que aprendas a conducir el bus, a controlar y recoger los boletos, a viajar por las rutas correctas y a mantener tu grupo unido, porque hay muchas más Almas en los otros reinos de la Luz de las que hay aquí en este mundo. No hay nada que temer, pero si no conoces el camino, tal vez descubras que te perdiste.

John-Roger

Asegúrate de no exagerar tu capacidad espiritual mediante tus palabras y tu personalidad. Sé honesto contigo mismo y con los demás. Si te faltan conocimientos, deja que la gente conozca tus limitaciones. Tal vez puedas apoyar a la gente simplemente siendo como eres. Si los demás saben con qué cuentan, van a aprender y a crecer con lo que puedas compartir con ellos y te bendecirán por eso. Pero si das una falsa impresión, de ser más de lo que eres, los vas a decepcionar y tal vez te maldigan por eso.

Esencia Divina

El poder del espíritu promueve y perpetúa una honestidad total en tu conciencia. Él no respeta tu deshonestidad.

Sé honesto contigo mismo y con los demás. Esa es una clave importante del éxito. Cuando compartes con libertad quien eres verdaderamente, permites que la esencia divina fluya a través de ti hacia los demás, y todo el mundo participa en las bendiciones.

John-Roger

Algunas personas no saben cómo hablar acerca de estas ideas de la trascendencia del Alma y del Espíritu con los demás. Comparte la información con la gente tal como tú la entiendas, sin juzgarlos determinando de antemano lo que puedan entender o no entender. Cuando hables con la gente, di: "No sé qué tanto quieras escuchar sobre esto. Cuando te parezca suficiente me lo dices y me detengo". Es fácil. Ni siquiera tienes que hablar sobre la Luz para compartirla con ellos. Baraka se puede compartir silenciosamente.

Esencia Divina

Cierta vez, mi equipo de trabajo y yo viajábamos en avión, y un hombre se sentó al lado de uno de ellos. Éste se dio vuelta y le dijo: "Hola". No habían pasado ni quince minutos cuando este hombre empezó a contarnos con lujo de detalles todas sus experiencias en sus viajes alrededor del mundo. Nosotros simplemente permanecimos sentados, oyéndolo. Escucharlo y disfrutar indirectamente de sus viajes, fue una forma de compartir Baraka con él.

Este hombre joven y perceptivo de setenta y un años de edad comenzó a hacernos algunas preguntas profundas: "¿Qué hacen ustedes? ¿Cuál es el Movimiento del cual forman parte? ¿Cómo funciona? ¿Para qué sirve? ¿Cuál es su finalidad?". Cuando terminó con sus preguntas, la conversación cambió de tema. Ésa es una forma de saber cuándo la gente ha recibido la información que anda buscando. Unos minutos después, el hombre preguntó: "¿Me pueden dar una tarjeta de visita? Tengo una hermana y creo que esto es justo lo que ella está buscando". Tú tal vez preguntes: "Y él, ¿qué? ¿No le gustaría para él?". ¿Acaso importa? Este hombre sabía lo que estaba ocurriendo. Él ya había hecho el contacto y había recibido Baraka.

EN ALGÚN PUNTO, un miembro de mi equipo, que por entonces tenía veintidós años, le dijo: "Parte de nuestra filosofía dice que tú puedes ir por la vida riendo o llorando, pero que la tendrás que atravesar de todas maneras". El hombre respondió: "Tengo 71 años y nunca vi la vida como la ven ustedes. Ésa es una buena forma de verla. De hecho, eso hace la vida mucho más agradable y mucho más satisfactoria."

Esencia Divina

Es posible que te parezca extraño que un hombre de veintidós años instruya a uno de setenta y uno. Este caballero era muy joven en términos de apertura, aunque no lo fuera en relación con su cuerpo. No era "viejo" en términos convencionales; era vital y estaba abierto. Fue maravilloso compartir Baraka con él y tan hermoso cuando él comenzó a correspondernos de la misma manera: estábamos compartiendo la Luz, el Espíritu y el amor de las Almas. En el transcurso de nuestra conversación, otras personas comenzaron a acercarse para participar. Cuando el vuelo terminó, habíamos dejado de ser extraños; no sabíamos los detalles de la vida del otro, pero nos conocíamos. Y en este mundo, algo así puede ser una bendición.

Esa noche, el Viajero Místico llevó a este hombre a los reinos internos y le mostró muchos patrones. Él aceptó al Espíritu: sabía lo que era. Formalmente, él no es parte de ninguna organización, pero le da información y energía espiritual a otras personas.

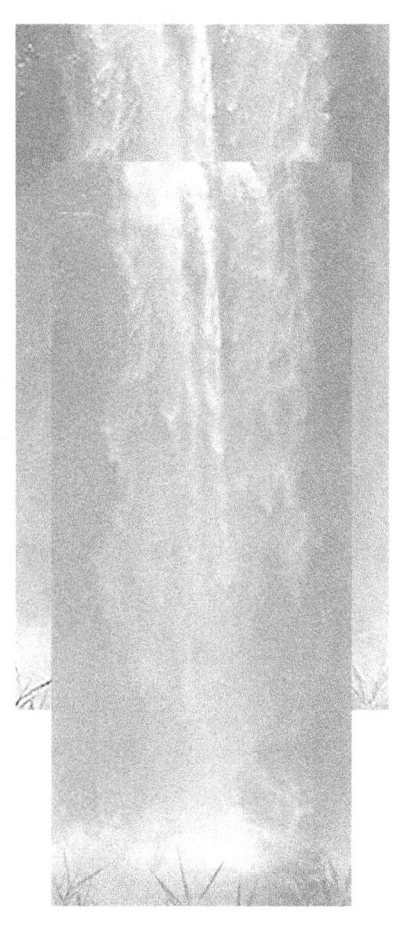

3
La Mirada Profunda De Dios: Twaji

JOHN-ROGER

El Twaji es como las aguas vivientes:
Te limpian y te lavan, y en esa nueva pureza,
de hecho comienzas a escuchar el sonido
de Dios a medida que la corriente del
sonido te inunda.
Es algo que jamás podrás olvidar.

La Mirada Profunda De Dios: Twaji

Parte del compartir baraka unos con otros implica una comunicación y conexión que se transmite a través de los ojos. Tú conoces la elevación que se siente, cuando alguien que te ama y a quien tú amas te mira y, a través de su mirada, te transmite todo el amor que siente por ti. Ves allí reflejados tu potencial, tu valía y tu merecimiento. Recibes una visión positiva de ti mismo que te puede sostener y darte el coraje y la confianza para crecer y expandirte, expresando mucho más de lo que nunca antes has osado expresar.

JOHN-ROGER

El poder de la mirada profunda es formidable. Cuando se combina con la energía pura del Espíritu, puede sacudir y soltar niveles de tu conciencia que han estado cubiertos con capas de engaño, tradición, convencionalismo, miedo, rigidez y demás imágenes falsas.

La Mirada Profunda De Dios: Twaji

Yo acostumbraba a dictar seminarios, en los cuales la gente comenzaba diciendo su nombre y compartía con el grupo algo sobre sí misma. Las personas solían preparar su compartir con días de anticipación, ensayando decir sólo aquello que sonara bien. Cuando llegaba su turno para compartir, yo los miraba y decía: "Muy bien; el siguiente", y por lo general decían algo completamente distinto de lo que habían preparado. Hablaban con espontaneidad, directo desde el corazón. A menudo terminaban su compartir diciendo algo así como: "No sé por qué les conté esto. No pensaba decir nada al respecto, pero ahora me alegra que lo haya hecho."

John-Roger

Cuando el poder de la mirada profunda se usa con la Conciencia del Viajero, lo llamamos Twaji, palabra árabe que significa: "la mirada profunda de Dios". Cuando esa energía se dirige hacia ti, aflora la sinceridad de tu ser y, a pesar de cualquier intento de ser falso, te escuchas diciendo la verdad y hablando de cosas que son reales y están presentes en ti. Una vez que dices la verdad, despejas el engaño desde tu interior y la energía del Espíritu se ancla en ti. Entonces puedes transmitir Twaji a otros. Es posible que estés hablando con un amigo y éste comienza a decirte algo, pero súbitamente dice algo completamente distinto. Tal vez te diga: "Yo no tenía pensado hablar de eso, pero por alguna razón sentí que era importante decírtelo". La mirada profunda del Viajero ha pasado a través de ti hacia la otra persona. Y continuará hacia la persona siguiente, y así sucesivamente. Esa es una bella forma de servir al Espíritu, pues pone a la gente en contacto con la verdad de su propio ser.

La Mirada Profunda De Dios: Twaji

El twaji difiere un poco del Darshan, que es la visión de la Luz, y que puede provocar una forma de iluminación espiritual. El Twaji, la mirada profunda de Dios que se te presenta a través de la conciencia del Viajero, puede ir más allá en su efecto. Te puede establecer en la conciencia del Alma de inmediato. A menudo, este nivel de Twaji se da cuando una persona se prepara para morir. Se presenta el Twaji y la persona trasciende inmediatamente lo físico y se establece en el Espíritu.

John-Roger

Existen muchos niveles en la energía del Twaji. Puede llegar de una forma muy directa y poderosa o de una forma totalmente espontánea. Cuando crees que va a suceder, por lo general no lo hace. Sucede cuando sucede; no se trata de algo que puedas manipular ni controlar para que ocurra. Rara vez acontece en un grupo, aunque puede pasar. Podrías estar sentado en un grupo con un Maestro y cuando él te mira, experimentas algo que te inunda. Luego, él aleja su mirada y continúa con una conversación trivial, porque ya recibiste toda la energía que puedes manejar.

Cuando estás en presencia de un Maestro y logras relajarte y asumir una posición de aceptación dentro de ti, te abres a recibir Twaji. Puedes bloquear la recepción del Twaji si estás defendiendo tu punto de vista, pasándote de vivo o siendo un "sabelotodo". La energía del Espíritu no se impone a ti. Es importante relajarse y dejar que las cosas fluyan. Puedes recibir mucho más cuando no tratas de limitarte a ti mismo o a los demás en ningún nivel.

La Mirada Profunda De Dios: Twaji

Observé a otro maestro espiritual dar Twaji tan rápidamente dentro de un grupo, que la persona que lo recibió se desvaneció por unos segundos. No es extraño que la persona que recibe Twaji se desvanezca brevemente, dejando el espacio abierto para que se llene con energía de vida nueva. El Twaji es como las aguas vivientes: te limpian y te lavan, y en esa nueva pureza, de hecho comienzas a escuchar el sonido de Dios a medida que la corriente del sonido te inunda. Es algo que jamás podrás olvidar.

JOHN-ROGER

AQUELLOS QUE SON INICIADOS en la Corriente del Sonido de Dios, a menudo experimentan el Twaji durante sus ejercicios espirituales. Cuando ves que los ojos del Viajero se te aparecen en tu interior, estás recibiendo internamente el Twaji. En ese momento, no hay una forma física que corrompa al Espíritu y tú accedes a la libertad.

La Mirada Profunda De Dios: Twaji

Cuando experimentas el Twaji, despiertas al Espíritu dentro de ti y asumes un nuevo nivel de responsabilidad hacia el Espíritu. Como parte de esa nueva responsabilidad debes mantener tu conciencia del Espíritu y alejarte de la negatividad de los mundos inferiores. Debes apartarte de tu dolor, de tu avidez, de tu egoísmo y de tus juicios. Y eso lo logras cambiando de actitud.

Por ejemplo, piensa en alguien que te molestaba durante tu niñez. ¿Un profesor? ¿Un compañero de clase? ¿Un amigo? Ahora, ponte en presencia de la Luz de Dios y pregúntate qué tan importante es esa persona en tu vida actual, en este mismo momento. ¿Comienza tu molestia a esfumarse rápidamente? El Twaji, el Baraka, puede aparecer entre tú y el incidente y limpiarlo. Cuando todo lo miras a través de la Luz del Espíritu de Dios, la forma positiva es lo único que puede mantenerse firme; no es posible sostener la forma negativa. Al momento de soltar alguna molestia antigua incluso podrías comprender de qué manera te sirvió y te ayudó a crecer. Esa es la forma positiva.

La Mirada Profunda De Dios: Twaji

Jesús encontró a una samaritana junto a la noria y le hizo algunas preguntas, pero ella trató de evitarlo y de no contestarle directamente. Él giró su semblante hacia ella y la mujer le dijo: "Yo sé que va a venir un Mesías llamado El Cristo, y cuando Él venga, nos dirá todo". Jesús le contestó: "Yo, quien te habla, soy Él"; (Juan 4:25-26). Él reveló su mensaje más importante a una mujer que había tenido cinco maridos y que vivía con un sexto hombre. Le dio el mensaje celestial a una mujer. Tal vez fue Jesús quien comenzó la liberación femenina, porque antes de ese incidente, las mujeres eran usadas para tener hijos y para realizar toda suerte de labores, pero no eran consideradas dignas de recibir el mensaje de Cristo, del Mesías, de la Luz del mundo.

John-Roger

Ella no sólo escuchó las palabras de Su mensaje, sino que a través de Su mirada, del Twaji, fue transformada y revivida. Ella fue y le dijo a los hombres de la aldea: "Venid, ved un hombre que me ha dicho todo lo que he hecho: ¿Si quizás es éste el Cristo? Entonces salieron de la ciudad, y vinieron a Él"; (Juan 4:29-30). La mirada profunda del Maestro pasó a ellos a través de la mujer, y todos acudieron a Jesús para recibir.

La Mirada Profunda De Dios: Twaji

¿Ves la responsabilidad que tienes como portador de la Luz? No puedes eliminar la negatividad, porque ella está envuelta en energía espiritual y allí dentro yace la habilidad de transformar la existencia de otro individuo. Ésa no es una habilidad que puedas pedir; si el Maestro te la otorga, entonces eres capaz de sostenerla. Si no se te otorga, no hay necesidad de pedirla. Todo esto es parte del conocimiento espiritual. Ahora estás aprendiendo algunos aspectos; pronto podrías conocer la totalidad del Espíritu a medida que éste se te vaya revelando.

John-Roger

Cuando adquieres la disciplina para expresarte sistemáticamente de forma sincera y franca, te estás entrenando para sostener la visión del Espíritu dentro de ti de una manera estable. Al hacer ejercicios espirituales o meditar, te pones en alineación con el Espíritu. Cuando te comportas de una manera responsable en relación a ti mismo y no te impones a los demás, te pones en alineación con la guía espiritual. Entonces, puedes recibir los regalos del Espíritu. Te preparas para que la mirada profunda de Dios comience a trabajar en ti y a través tuyo. Te sentirás bloqueado y frustrado en todo momento si intentas obtener los regalos para abusar o sacar ventaja indebida de otra persona. Si, en cambio, sólo deseas servir a Dios, los regalos que se te darán serán muchos.

La Mirada Profunda De Dios: Twaji

Mantente firme en tu conciencia. Escindes tu conciencia tan pronto declaras: "Voy a hacer esto... No, mejor haré esto... No, creo que haré esto otro...". ¿Cómo puedes corregir esta situación? Quédate quieto hasta que tu conciencia se unifique y puedas ver con claridad qué dirección tomar. Medita, contempla o haz ejercicios espirituales como una práctica diaria. Aprende la disciplina de la conciencia. Mantén tu mirada profunda firme en tu meta. No vas a alcanzar tu meta si te dejas distraer por todo lo que se presenta. El Espíritu necesita de aquellos que avanzan con decisión.

JOHN-ROGER

EN LOS ÚLTIMOS DÍAS habrá muchos que afirmen: "Yo soy la Luz, la Verdad y el Camino". ¿Cómo vas a reconocer a quién te diga la verdad? Lo conocerás por sus obras. Si te has disciplinado para completar todo lo que comienzas, para tratar a toda persona de forma honesta y justa y con un corazón amoroso, vas a poder reconocer esas cualidades en los otros. Si eres disperso y tornadizo en tu conciencia, pierdes tu capacidad de atender y serás incapaz de mantener tu atención enfocada el tiempo suficiente para reconocer las contradicciones en los demás. Si conoces la disciplina de la permanencia, podrás ver con claridad cuando alguien se esté escabullendo y esa persona no podrá engañarte.

La Mirada Profunda De Dios: Twaji

Te conocerán por tus obras. Tú preparas tu propio banquete y te lo comes. Si te postergas porque no reconoces tu propia valía, no hay necesidad de que busques fuera de ti. Si no puedes encontrar al Espíritu dentro de ti, no lo podrás encontrar en ninguna parte. No conocerás a Dios hasta que no te permitas tomar conciencia de tu propio ser, hasta que no seas leal a tu propia Alma, hasta que no uses el Twaji para mirar profundamente dentro de ti, dejándolo que ilumine el camino hacia tu propia realidad.

JOHN-ROGER

LA CONCIENCIA MÍSTICA enseña a encontrar el Reino interno, los mundos internos de conciencia, la condición absoluta y la pureza de todo individuo en el Alma. Aprende bien esas lecciones.

La Mirada Profunda De Dios: Twaji

Experimenta tu propia divinidad. Recibe el Baraka, el Darshan, el Twaji, y usa esas cualidades para crecer en tu conocimiento y en tu amor espiritual. Entonces serás capaz de compartir esas cualidades con los demás.

JOHN-ROGER

Cuando veas a los demás, mira en sus corazones; no para analizarlos, sino para descubrir cómo llegar a ellos con tu amor.

La Mirada Profunda De Dios: Twaji

Cuando des amor, no te quedes atado al otro extremo. Da amor y suéltalo completamente. La otra persona será libre de hacer con él lo que desee. Podrá compartir ese amor con alguien o con nadie. Cuando das tu amor y lo sueltas, deja de importarte lo que los demás hagan con él.

John-Roger

No permitas que nadie compre tu lealtad. Entrega tu lealtad libremente cuando la quieras dar, pero no exijas nada a cambio. Si lo haces, te habrás vendido y dejarás de ser libre.

La Mirada Profunda De Dios: Twaji

El espíritu se te entrega libremente y así es cómo debes recibirlo también. No hay otra forma de recibirlo. No puedes recibir al Espíritu de una manera intelectual, emocional o física. No puedes pensar al respecto, ni sentirlo, ni tocarlo, aunque sea más preciado para ti que tu siguiente bocanada de aire. Es el agua viviente de la vida. Es el océano de amor y misericordia divina. Es la esencia de la vida misma.

EN EL ESPÍRITU no existe el tiempo o el espacio. Todo existe ahora mismo -en la eternidad- como Uno. No existe ni división ni separación. Un Alma es todas las Almas. Jesús dijo: "Aquél que me ha visto, ha visto al Padre"; (Juan 14: 9). Él demostró una comprensión formidable al verse a Sí Mismo a través de todos los demás.

La Mirada Profunda De Dios: Twaji

Cuando comprendes que eres todas las cosas, también te incluyes a ti mismo. La comprensión no llega por mentalizar o hablar; ella es el resultado de la inteligencia del Alma, del conocimiento innato dentro de ti. Logra el conocimiento y la comprensión de tu Ser y serás capaz de vivir tu vida con sabiduría.

John-Roger

Si quieres ver con claridad, practica el sermón del Buda, el de Jesús El Cristo o el de cualquiera de los grandes maestros. Practícalo hasta que lo hagas a la perfección. Con perfección estarás en tu Alma, porque, a la larga, todos esos caminos te llevan al Alma. Si estudias religión, hazlo de manera perfecta. Si estudias metafísica, hazlo de manera perfecta. Si estudias la ciencia de la mente, hazlo de manera perfecta. Eso te indicará tu siguiente paso de realización y cumplimiento.

La Mirada Profunda De Dios: Twaji

Al ir viendo la luz, experimentarás el Twaji. Verás la Luz saliendo de tu propio semblante, de tu propio ser y, entonces, todo lo que tendrás que hacer es seguir a la Luz. Recuerda seguir a la Fuente de la Luz, no al reflejo. Recuerda que la Fuente está en ti.

John-Roger

Una vez que hayas completado el sendero en el que estabas y dejes de ver la Luz delante de ti, detente y ve adentro. Recarga la batería. Venera a tu propio ser, no con un amor egoísta, sino con el amor del Espíritu dentro de ti. Renuncia a los niveles inferiores y venera, reverencia y ama la esencia de Dios dentro de ti. Todo lo demás es ilusorio y un reflejo. Los ejercicios espirituales y la meditación te devuelven la estabilidad de la vida espiritual.

La Mirada Profunda De Dios: Twaji

CUANDO CREAS QUE TIENES que tener algo en este mundo, detente y pregúntate: "¿Cómo puedo verlo a través de los ojos de Dios para saber si es bueno para mí?". La mirada profunda de Dios va a comenzar a aparecer en tu interior. El camino va a surgir ante ti. La Luz irá delante de ti, y tú sabrás qué dirección tomar.

JOHN-ROGER

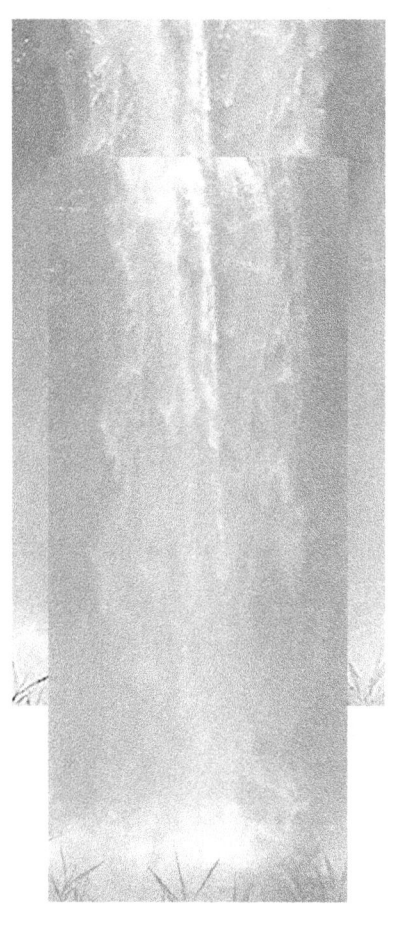

4
Viviendo La Esencia Divina

JOHN-ROGER

DESPERTAR AL ALMA
NO ES UN PROCESO INTELECTUAL,
ES UN ESTADO DEL SER Y DEL HACER.

Viviendo La Esencia Divina

Cuando te involucras en las enseñanzas espirituales que provienen de los elevados reinos positivos de la conciencia de Dios, y te abres a la conciencia trascendente que llamamos 'Viajero Místico', a menudo el Espíritu se manifiesta a través de lo que las religiones ortodoxas llaman "gracia". Jesús lo expresó de esta forma: "Porque donde están dos o tres congregados en mi nombre, allí estoy en medio de ellos"; (Mateo 18:20). La gente a la que Jesús le hablaba tal vez no habría entendido la palabra Sufí Baraka, por eso Él lo dijo de otra forma, pero el significado es el mismo. En India, la cualidad de las bendiciones espirituales es conocida como Darshan. Es una cualidad similar a Baraka, que se transmite de uno a otro a través de la mirada. Esa esencia puede llamarse de muchas formas. Nosotros la conocemos como amor divino, y a través del amor divino compartimos Baraka con todos y cada uno de los que encontramos.

John-Roger

Cuando tú, a tu propia manera, te sintonizas con el amor divino, con ese centro donde sabes que habita la bondad, con ese lugar donde realmente vives y te expresas de manera calmada, pacífica y amorosa, entonces tu comportamiento se convierte en una verdadera demostración del Cristo dentro de ti. Cuando ese proceso comienza, estás abriendo los portales de tu Alma. Despertar al Alma no es un proceso intelectual, es un estado del ser y del hacer.

Viviendo La Esencia Divina

A MEDIDA QUE TU EXPRESIÓN empiece a corresponder de una manera más plena con la integridad interna de tu ser, te descubrirás accediendo al Cristo de tu conciencia interna. Ese lugar no se puede describir, aun cuando podría ser el nivel de mayor realidad que hayas conocido jamás. Conectarse con esa realidad es como hacerle una visita a tu Ser; es como llegar a casa dentro de ti. La alegría, la dicha y el éxtasis que puede producir esa breve visita a tu Ser, podrían ayudarte a atravesar situaciones de mucha dificultad en tu vida.

John-Roger

Como vives fundamentalmente una existencia negativa—en un planeta negativo, en los reinos negativos de la Luz, en un cuerpo negativo—vas a encontrar una gran cantidad de cosas negativas con las cuales trabajar. Y descubrirás que el Señor de la creación negativa, el poder de Kal, estará aquí para examinarte y para probarte que tu propio merecimiento va creciendo al sobrevivir a las trampas y dificultades de los reinos inferiores.

Viviendo La Esencia Divina

Es posible que estés comprendiendo que probablemente te tome mucho tiempo alcanzar la conciencia interna y hacerte consciente de tu Alma, de esa esencia divina dentro de ti, por tu propia cuenta. Alguien que conozca el camino podría acelerar tu proceso. Cuando trabajas con la conciencia Mística, que puede guiarte y apoyarte en este nivel y en todos los niveles superiores, le permites al Espíritu trabajar contigo de una manera más activa. El Espíritu es como una brisa fresca que sopla desde el Cielo, reviviendo todas las cosas y llevándote a través de todas las situaciones de tu vida con una actitud de amor, amistad y aceptación.

John-Roger

Cuando las situaciones en tu vida se ponen difíciles y dolorosas, puedes perder de vista el hecho de que el Espíritu sigue estando presente en tu vida. Las situaciones que percibes como negativas podrían ser una bendición del Espíritu que te brinda la oportunidad de despejar condiciones que te oprimen, permitiéndote alcanzar una mayor fortaleza y libertad.

Viviendo La Esencia Divina

A VECES LA GENTE LE PIDE a su maestro espiritual que interceda por ellos. Hay cosas que son posibles, pero que no están permitidas. El Espíritu Santo rara vez interviene y se impone a las fuerzas negativas o se coloca en oposición al poder negativo, pues sabe que las fuerzas negativas están aquí para cumplir una función. Están aquí para ponerte a prueba y fortalecerte, para comprobarte tu propio merecimiento. Cuando no pasas una prueba de negatividad, eso no significa que la prueba sea mala o maligna: es un proceso que te indica que aún tienes trabajo por hacer en esa área.

John-Roger

EL MAESTRO ESPIRITUAL puede traer Baraka a tu conciencia para apoyarte a encontrar la fortaleza e integridad que te permiten lidiar con una situación en tu vida. Ellas te ayudan a despertar a tu propio centro de Dios para que puedas tener una perspectiva clara de la presencia de Dios en tu vida y de tu participación en el plan divino.

Viviendo La Esencia Divina

Cuando recurres a la luz y al Amor en tu interior, puedes descubrir tu conexión con la conciencia Mística. En ese punto, tal vez decidas romper el patrón de reencarnación en el cual has estado envuelto. Al ponerte en acción para romper las ataduras a los mundos inferiores es posible que compruebes que las fuerzas de la negatividad empiezan a "atacarte" de formas mucho más específicas que antes. Si estás comprometido en una búsqueda consciente y directa de la trascendencia espiritual, las fuerzas negativas tienen que hacer su trabajo.

JOHN-ROGER

CUANDO ENFRENTAS los desafíos que te salen al camino estás aprendiendo las lecciones necesarias para que puedas crecer y elevarte. Si te mantienes firme en tu propósito, aun en medio de los "ataques", experimentarás la protección espiritual perfecta que se te otorga a través de la conciencia del Viajero Místico.

Viviendo La Esencia Divina

¿Has notado alguna vez que la negatividad ataca primordialmente tus áreas débiles? Rara vez te prueba en las áreas en que eres fuerte, porque en esa confrontación perdería. Las fuerzas negativas tienen un tipo de inteligencia que instintivamente irá tras las áreas en que eres débil. Justo en el momento en que crees que has dominado un área, el poder negativo se hace presente para asegurarse de tu maestría. Si realmente ya lo has dominado, eres libre. Pero si no, seguirás atrapado por las leyes de los mundos inferiores. Aun cuando pases las pruebas y demuestres tu fortaleza espiritual, tienes que seguir ejercitando esas fortalezas constantemente para poder mantenerlas.

JOHN-ROGER

Nunca se te da nada que no puedas manejar. Esa es una ley espiritual. Tal vez haya cosas difíciles de manejar, cosas que preferirías no manejar o que te gustaría manejar de mejor forma, pero todo lo que se te da está dentro de tu capacidad para manejarlo.

Viviendo La Esencia Divina

Cuando trabajas con el Viajero Místico, estás bajo la protección espiritual del Espíritu Santo. La línea de jerarquía espiritual se extiende a través de la Escuela Divina del Santo Sanctorum hasta los Silenciosos de Dios. La conexión espiritual con el Dios Supremo es directa y muy específica, y las enseñanzas son vitales y están vivas ahora. Es por eso que las enseñanzas cobran vida en nuestro corazón. Son mucho más que simples palabras escritas en una página.

JOHN-ROGER

CUANDO TRABAJAS con la conciencia Mística, el trabajo es más interno que externo. Se te entregan enseñanzas internas en la pureza de tu corazón y de tu Alma. Las palabras externas, los libros y las Disertaciones reflejan las enseñanzas internas. Esos reflejos externos son sólo un comienzo y no la meta; te sirven para despertar a las enseñanzas internas que ocurren dentro de ti las veinticuatro horas del día.

Viviendo La Esencia Divina

Las enseñanzas te muestran cómo vivir de manera recta y justa, superando los niveles de engaño, mentira, trampa y deshonestidad. No tienes que expresar ese tipo de negatividad a menos que quieras permanecer aquí, en el mundo físico. Si te quieres quedar aquí, en este nivel negativo, todo lo que tienes que hacer es darle rienda suelta a la lujuria, a la ira, a la avaricia, al odio, a la desesperación, a la envidia, a la vanidad y al apego. Con esas expresiones te garantizas una vida duradera en los mundos negativos.

John-Roger

Si prefieres avanzar libre de los mundos inferiores y establecerte en el Espíritu, sólo se requieren unas pocas cualidades.

La primera es aceptación. Tienes que aceptar lo que hay en tu vida y ser honesto en relación a eso, sin pretender que sea algo que no es, ni crear fantasías de cómo te gustaría que fuera. Simplemente aceptas la situación tal cual es.

La segunda cualidad es comprensión. Tienes que buscar comprensión, comprendiéndote tú. No es necesario que tengas que comprender a todos los demás, pero es importante conocerte y comprenderte a ti mismo.

La tercera cualidad es responsabilidad. Tienes que asumir responsabilidad sobre ti y tus actos en todos los niveles.

Y la cuarta cualidad es cooperación. Una vez que aceptas las cosas como son, las comprendes y te haces responsable de ti mismo y de tus acciones, puedes comenzar a cooperar con todo eso. Cuando cooperas, descubres que eres libre.

Viviendo La Esencia Divina

Puede sorprederte descubrir que el buen Señor no te puso aquí en la Tierra para que fueras un mendigo. Él te puso aquí y dijo: "Esta es la forma de aprender sobre Mí...", y te mostró diversas formas de aprender. Puedes aprender a través de la oración, amando a tu familia y a tus hijos, cuidando a otros, meditando, sirviendo a los necesitados, contemplando, y de muchas otras formas.

A medida que aprendes sobre Dios, se empiezan a aclarar todas esas cosas que eran un misterio para ti. Y como no existe nada que no sea Dios, una vez que empiezas a conocer a Dios, conoces todas las cosas. Todo se vuelve Uno.

JOHN-ROGER

¿QUÉ TAL SI EL ADVENIMIENTO del Mesías comenzara con tu despertar a la esencia de Dios dentro de ti? ¿Qué tal si se produjera descubriendo que la gloria de Dios reside dentro de ti, al igual que dentro de todos los demás?

Tradicionalmente, las iglesias enseñan que la gloria le pertenece al Padre. Y eso es verdad, pero no es la verdad completa. El Padre hace Su trabajo en este mundo a través de cada uno de nosotros, al hacer buenas obras. Descubrirás que tu vida se vuelve simple y feliz si permites que el Padre haga el trabajo del Espíritu en tu vida cotidiana a través de ti. Vas a experimentar Baraka mientras fluye hacia el mundo a través tuyo. No tienes que controlarlo ni hacer nada para que suceda, tampoco tienes que tomar ninguna decisión al respecto. Todo lo que tienes que hacer es aceptar que está sucediendo.

Viviendo La Esencia Divina

Cuando estás en un estado de aceptación, pasas más allá de los apegos y los deseos. Es muy fácil hablar de aceptación, pero no es tan fácil demostrarla en tu vida. Entras al juego una vez que puedes demostrar la primera ley espiritual. Entonces, puedes llamar al jugador del mediocampo, conocido como selectividad. Junto con él viene la capacidad de discernir. Adviertes las alternativas que tienes y eliges la que te vaya a funcionar mejor. Pregúntate qué tan bien disciernes lo que atraes a tu vida y qué tan bien pruebas al Espíritu.

John-Roger

Una de las grandes insensateces al seguir un sendero espiritual en particular es la tentación de "jugar a Dios". Haces esto cuando tergiversas las enseñanzas diciendo: "Soy espiritual, divino y la esencia de Dios", olvidando llevar estas ideas a la práctica, lo cual incluye el cuerpo, la imaginación, las emociones, la mente y el inconsciente, con todas las ilusiones que les son propias.

Viviendo La Esencia Divina

No tienes que pretender ser lo que ya eres, y lo que no eres, no hay necesidad de pretenderlo. No hay necesidad de tergiversar lo que está sucediendo. Tú no eres Dios, en el sentido del Dios Supremo. Pero sí llevas en ti una esencia de Dios, una esencia de la conciencia del Cristo. Externamente, eres un reflejo del Alma que está en contacto directo con Dios.

John-Roger

Ten cuidado de no imponerle a los demás lo que identificas como tu espiritualidad. Vive de forma simple. Vive en la verdad de tu propio ser, y deja que tus acciones hablen por ti.

Mientras no tengas la experiencia de la conciencia interna y de los mundos espirituales, lo que te estoy diciendo es un sinsentido, es decir, algo que no tiene sentido. Y cuando has tenido la experiencia de la conciencia trascendental, despiertas a una realidad diferente y conoces su verdad. Entonces no tienes que creer en nada y tampoco tienes que tener fe. Si esto te suena a cuento de hadas, permíteme que te desafíe: prueba que estoy equivocado.

Viviendo La Esencia Divina

Cuando comiences a despertar al Alma, crecerás espiritualmente. A medida que despiertes y comiences a verte en la realidad espiritual, advertirás las miles de veces en que te degradaste, te traicionaste y te confundiste. Tal vez te sientas tentado a regañarte y a decir: "Qué tonto he sido. Qué poco valgo". Pero si de verdad logras abrirte y te permites percibirte con claridad, sin distorsiones, te podrás ver como te ve el Maestro. Reconocerás tu propio merecimiento y belleza, y en ese momento experimentarás Baraka y empezarás a sentir un amor más grande por ti mismo. Y también experimentarás Darshan, lo que abre tus ojos a la realidad espiritual. Mientras no estés listo, esto no sucederá. Y cuando estés listo, no habrá forma de detenerlo.

John-Roger

Si eres sabio, no lucharás contra lo establecido en el nivel físico. Trabajarás con esa realidad mientras intentas lograr una mayor sintonía con los niveles superiores de conciencia. Una vez que te conectas con la conciencia del Viajero Místico y se produce un acuerdo para trabajar juntos, el trabajo se lleva a cabo las veinticuatro horas del día. El Viajero nunca te abandona, sin importar lo que hagas en el mundo físico. El valor principal de estas enseñanzas es la presencia de esa fuerza dentro de ti. Las palabras las puedes encontrar en muchos lugares y dichas por muchos. Sin embargo, cuando te conectas con la presencia del Espíritu dentro de ti, las enseñanzas se te dan internamente y se convierten en parte de tu experiencia.

Viviendo La Esencia Divina

Si siempre recurres a un personaje físico para hacerle preguntas físicas y obtener respuestas físicas, es posible que no aprendas a sintonizarte internamente ni a entrar en los niveles sutiles de tu propia conciencia. Es importante que recurras a la fuente interna de conocimiento y fortaleza y que decidas por ti mismo, qué es lo correcto de hacer. No se te puede engañar en esos elevados niveles interiores.

John-Roger

Muchas veces serás puesto en un "aprieto" que tendrás que resolver. Si buscas la respuesta fuera de ti, podrías conseguir una respuesta que te apoye temporalmente, pero al rato te encontrarás otra vez en el mismo "aprieto", porque no lo atravesaste como un proceso de aprendizaje. Buscaste la solución mediante alguien o algo. Por eso, muchas veces, la resolución de alguna cosa implica justamente atravesarla y adquirir la mayor conciencia que esté a tu disposición.

Viviendo La Esencia Divina

Moverte hacia tu propio sendero interno para alcanzar la conciencia de tu Alma, no siempre es fácil de hacer solo. Pero tampoco tú te trajiste a esta vida por tus propios medios. Te pusieron aquí como parte del cuerpo de Dios, un heredero al Reino de los Cielos. Normalmente, cuando naces en el cuerpo físico, te cubre un velo del olvido y olvidas tu herencia. Pero luego se presenta Uno que no lo ha olvidado, alguien que ve directamente en tu conciencia interna, y aprecia la belleza que eres en tu Alma, y te dice lo que eso significa. Entonces sabes que es verdad. No te estoy diciendo nada que no sepas ya; es sólo que puede que no lo recuerdes hasta que no lo escuches. Entonces, tendrás la experiencia interna que lo valida como verdad y como realidad.

JOHN-ROGER

Es DIFÍCIL que tengas la experiencia interna del Espíritu si andas por el mundo mintiendo, engañando y metiéndote en todo tipo de problemas. Muchas veces tienes la experiencia interna de tu propio ser sagrado cuando te sientas y te despegas del mundo físico, mediante alguna forma de meditación, contemplación o ejercicios espirituales.

Viviendo La Esencia Divina

Cuando hagas ejercicios espirituales, concentra tu conciencia y enfócala en el punto donde se cruzarían dos líneas imaginarias, trazadas una entre la parte superior de las orejas y la otra, del centro de la frente hacia la parte posterior de la cabeza. Ese lugar se conoce como el ojo espiritual o el tercer ojo. Cuando te enfocas allí, elevas tu conciencia y la sacas de los centros inferiores del cuerpo, comenzando a ver con mayor claridad. Comienzas a ver espiritualmente, más que en términos de este mundo.

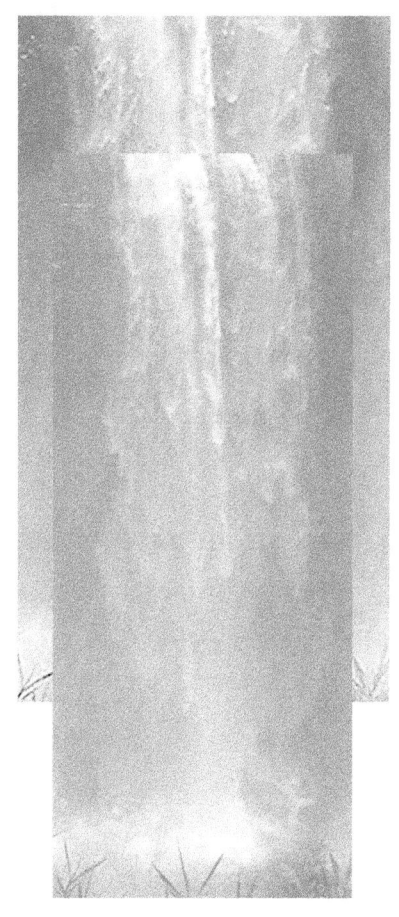

5
Un Emisario De Dios

JOHN-ROGER

EL ESPÍRITU APARECE ANTE TI
CUANDO OBSERVAS
TANTO INTERNA COMO EXTERNAMENTE.

Un Emisario De Dios

En el principio era el verbo, y el Verbo era con Dios, y el Verbo era Dios; (Juan 1:1). Y aquel Verbo fue hecho carne, y habitó entre nosotros; (Juan 1:14). El Verbo es la energía de Dios que existe como Sonido puro. Es la esencia. Es la Corriente audible de Vida y la Corriente audible de Luz.

John-Roger

Es a través de la conexión con la Corriente del Sonido que tienes la oportunidad de regresar al corazón de Dios. Cuando estás sintonizado con la Corriente del Sonido, todo lo que tienes que hacer es viajar en el Sonido para descubrir su Fuente, que es Dios. El Viajero Místico es un emisario de esa Corriente del Sonido, que brota del Dios Supremo en los reinos puros de la Luz.

Un Emisario De Dios

En los reinos inferiores de la Luz, el Sonido y la Luz están mezclados con energía negativa. La Corriente del Sonido es pura en el reino del Alma y por encima de él. Es la melodía que te brinda la satisfacción más íntima y te sostiene en todas las cosas.

JOHN-ROGER

La gente me pregunta qué hago cuando estoy en medio de un "problema" en este mundo. Yo regreso en la Corriente del Sonido al corazón de Dios, donde no hay problemas, sino distintos aspectos de la experiencia. Las experiencias son una medida de crecimiento, así que apróntate para tu próxima experiencia: tal vez aprendas más sobre tu conciencia de Dios.

Un Emisario De Dios

En ocasiones te descubres diciendo: "Quiero experimentar la conciencia de Dios. Entonces, ¿por qué tengo que limpiar la casa o sacar la basura?". ¿Qué crees que es Dios? ¿Acaso intento decirte que Dios es una casa limpia? Tal vez. Es posible. Dios puede ser una casa limpia, una rosa, un arbusto que arde, un hombre, un niño, todo eso y mucho, pero mucho más.

John-Roger

¿A DÓNDE VAS para encontrar a Dios? Ve a dondequiera que esté Dios. Como Dios está en todas partes, en todas las cosas, presente por entero y eternamente en tu propia respiración, puedes encontrar a Dios observando y escuchando. Busca la Luz, tanto en la forma física como en la forma interna. Trata de escuchar el Sonido de Dios en todo lo que encuentres. El Espíritu aparece ante ti cuando observas tanto interna como externamente. Puede llegarte como Baraka, como la capacidad de tomar conciencia de las bendiciones en tu vida. Puede llegar como una sensación de paz que trasciende toda comprensión. Puede llegar como el Darshan, a medida que tu visión se abre a la realidad espiritual. Como sea que recibas al Espíritu, en ese momento tendrás una experiencia de tipo trascendental.

Un Emisario De Dios

Si no estás del todo en sintonía con tu propia esencia divina, si no estás teniendo la experiencia de Baraka, júntate con otros que quieran conocer a Dios. Reúnanse en nombre del Cristo, en nombre de la conciencia del Viajero Místico, en Satsang o en nombre de la conciencia de Uno. Independiente de cómo lo llames, cuando te reúnes en nombre de Dios, se presenta el Espíritu y te extiende Baraka a través de la gracia del Dios Único. Sin embargo, si cuando te reúnes decides realizar tus propios delirios de grandeza, debilitas el Baraka que se te iba a otorgar y podrías terminar desequilibrado en tu propia conciencia divina.

John-Roger

Cuando aquellos que pueden manifestar Baraka lo brindan en una reunión, las bendiciones se confieren instantáneamente a cada uno de los presentes. Niegas al Espíritu Santo si, cuando se te brinda esencia divina, tú no participas en ella para ofrecerte al amor divino. Negar esta experiencia es algo muy serio a nivel espiritual, pero sólo en la medida en que te bloqueas a la realidad de tu propio saber. Aparte de eso, al Espíritu no le importa si permaneces en estos mundos inferiores durante dos mil años o sólo un día. Si descubres la realidad que es, completas la lección en este "salón de clases" terrenal y estás preparado para trascender hacia otra experiencia.

Un Emisario De Dios

La antigua ley que gobierna la entrega de Baraka establece que esto debe ser hecho por una presencia física. Una vez que la presencia física ha conferido o activado esta esencia de energía divina, los que reciben Baraka pueden, a su vez, conferírselo a otros. Mientras más Baraka recibas, más podrás conferirlo a otros. Así es como adquieres autoridad para hacer el trabajo de Dios.

JOHN-ROGER

Por tus obras se te conocerá, no por tus palabras. Mucha gente dice muchas cosas, pero no es capaz de brindar la esencia divina, y lo importante es esa habilidad. La razón de reunirnos y compartir un mismo enfoque espiritual es abrir los canales que pueden recibir de la esencia del Espíritu. La parte en nosotros que recibe del Espíritu es tan inmensa, que podríamos reunirnos durante un milenio y no saciarnos nunca.

Un Emisario De Dios

Nadie que haya experimentado baraka y haya mantenido su conciencia abierta al fluir de Baraka, sentirá la negatividad de este planeta con demasiada intensidad. En tanto permanezcas abierto y dejes que el amor fluya y dirijas tu Luz hacia fuera, estarás recibiendo y dando Baraka, el Espíritu Santo, la Luz y el Sonido. Eres un instrumento de la Luz. El Espíritu te usa para traer Luz a este reino físico, y en este nivel se irradia desde ti hacia los demás. Recibes Baraka y, a cambio, brindas Baraka a todos los que encuentras. Elevas a otros con tu presencia y con tu Luz. Independientemente de lo que digan o hagan, sin importar lo que suceda, continúas funcionando como un canal del Espíritu para ser usado o abusado; poco importa que sea lo uno o lo otro.

John-Roger

Si abusan de ti, la Luz se hace cargo. Si te usan, la Luz se hace cargo. Todo lo que tienes que hacer tú es mantener la libertad de tu conciencia y estar abierto a dejar que la Luz y el amor fluyan hacia todo lo existente a través de ti. No tienes que decir: "Dios bendiga a esa flor, a esa hormiga, a esos edificios, a ese árbol". Las bendiciones fluyen automáticamente, tan pronto el Espíritu te usa de canal en este mundo.

Un Emisario De Dios

Si diriges intencionalmente tu conciencia hacia algo —hacia un rosal, por ejemplo— y lo amas y lo bendices, éste germinará más frondosamente. Si rezas con tu amor por las semillas, diciendo: "Las voy a plantar y van a crecer y serán magníficas", hacerlo reactivará la fuerza vital dentro de la semilla y le dará la promesa para realizarse.

John-Roger

Los seres humanos crecen en conciencia de forma similar. Dios nos usa a unos con otros como instrumentos de la Luz. Juntarse en nombre de Dios, en el amor divino del Espíritu se convierte en una plegaria. Serás una plegaria viviente aunque no digas nada, porque el Espíritu conoce tus necesidades. También conoce tus deseos y anhelos, y los cumplirá de acuerdo con tu nivel de conciencia. No violará tu conciencia; sostendrá la energía dentro de ti y continuamente te dará la capacidad de elevarte hacia una conciencia más elevada y maravillosa.

Un Emisario De Dios

A USTEDES QUE TRABAJAN con la conciencia Mística se les ofrece el Espíritu Santo. Se les otorga Baraka. Si reconoces lo que tienes, eso enriquecerá tu Espíritu. Si no lo reconoces, tu Espíritu seguirá durmiendo. La Luz se te da conscientemente; ella estimula el intelecto y el Alma para que esta última recuerde lo que realmente es, su promesa y su destino. Tú decides si quieres mirar en tu propia conciencia y encontrar allí la Luz y el amor. Verás el portal y las llaves del Reino de los Cielos.

JOHN-ROGER

EL SENDERO se abre para ti. El lugar se está preparando. Tú estás ayudando a construirlo. Lo conocerás mejor cuando tu conciencia sea fuerte, dedicada y fervorosa. Entonces podrás declarar: "No me importa lo que haga falta. Voy a encontrar al Espíritu. Simplemente lo voy a lograr. Mi depresión puede convertirse en un peldaño para mí, también mi duda. No tengo que tropezar con ellas; las puedo usar a mi favor". Cuando alcanzas ese nivel en tu conciencia, puedes empezar a avanzar hacia los reinos superiores del Espíritu.

Un Emisario De Dios

No caigas en la trampa de pensar que lo sabes todo; cuando haces eso, niegas la verdad que te rodea. En todas partes existe la verdad. En todas partes hay Luz. El Sonido de Dios está en todas partes. Las fuerzas maestras que trabajan con el Viajero tienen las llaves y conocen las técnicas para liberarte en tu conciencia, mientras estás en este cuerpo físico; también hay otros que pueden hacerlo.

JOHN-ROGER

UNA CLAVE PARA LA LIBERACIÓN es la vigilancia eterna. La salvación es un trabajo diurno, un trabajo nocturno y un trabajo eterno. Si adquieres disciplina espiritual y alcanzas un cierto nivel de conciencia, eres responsable de esa expansión, y también eres responsable de hacerla perdurar. No puedes detenerte y "dormirte en tus laureles". No es así como funciona. Debes continuar avanzando.

Un Emisario De Dios

A veces nos referimos a estar en un sendero espiritual, pero ese término es erróneo, porque no existe un sendero. No hay ninguna distancia. No hay un "final" en este descubrimiento. Ya eres todo lo que serás. Ya eres eso que buscas. Las bendiciones ya existen y todo lo que tienes que hacer es abrir los ojos y verlas. Todo lo que requieres es darte cuenta.

John-Roger

Las claves para la realización están en la conciencia del Viajero Místico —no en las palabras que se dicen o se escriben, sino en la conciencia misma. El nivel verbal o escrito es sólo una parte del diez por ciento de la manifestación física. El noventa por ciento de tu ser vive en los niveles invisibles, en ti y alrededor tuyo. Los niveles espirituales siguen y siguen. Son infinitos y eternos. El hecho de que no los percibas no quiere decir que no estén presentes. No percibes las ondas de radio hasta que no enciendes la radio. De igual forma, tal vez no estés consciente del Espíritu hasta que no tengas un instrumento que te sintonice a él. Tú tienes ese instrumento—tú eres ese instrumento. Pero tal vez no te hayas sintonizado para recibir al Espíritu.

Un Emisario De Dios

Parte del trabajo del viajero es enseñarte a sintonizarte con la energía espiritual que está presente. Una forma de hacerlo es entregándote energía espiritual permanentemente. A medida que recibes esa energía espiritual, ella despierta la energía espiritual en ti. Entonces, los cambios comienzan a suceder de adentro hacia afuera.

JOHN-ROGER

DIOS ES EL MAYOR NIVEL de realidad que puedes experimentar. Es Luz y Sonido puros. Es la Fuente. No es una imagen, un reflejo o una ilusión. Es la realidad única. Esa realidad existe dentro de ti. Es tu Alma. Puedes abandonar todas las ilusiones, todas las representaciones y todas las apariencias. Puedes ir a tu interior y descubrir qué es lo real dentro de ti. Puedes descubrir a Dios viviendo adentro.

A medida que vas alcanzando esa conciencia, experimentas la gracia de Dios en tu vida. Experimentas Darshan, la visión clara. Experimentas Twaji, la mirada profunda de Dios, que te eleva a los reinos superiores de la conciencia del Alma. Experimentas Baraka, la esencia del amor divino.

Un Emisario De Dios

Si intentas reconciliar en tu mente la paradoja aparente entre Dios en la carne y Dios en los reinos invisibles, flaquearás y sucumbirás en tus propias dudas, confusión y desesperanza. Algunas iglesias llaman a esto pecado, pero es principalmente desesperanza. Sal adelante sin ayuda. Perdónate por las confusiones y trastornos que has creado para ti. Resuelve tomar tu próxima bocanada de aire con amor. Resuelve inspirar a Dios en tu próxima respiración. Estás respirando el mismo aire que respiraron Jesús El Cristo, Buda, Krishna, Mahoma, y que respiraron todos los demás maestros y líderes espirituales de todos los tiempos. Con cada respiración puedes despertarte a una conciencia espiritual cada vez mayor.

JOHN-ROGER

PRACTICA LOS EJERCICIOS ESPIRITUALES. Practica ver la Luz. Practica escuchar el Sonido. Practica verte a través de los ojos del Maestro. Practica la conciencia del Viajero Místico.

Un Emisario De Dios

No tienes que ir muy lejos para llegar al Cielo; el Espíritu está más cerca que tus propias manos y que tus propios pies. Ya eres aquello que deseas ser. Ya eres la Luz. En tu Alma, ya eres la perfección divina. Ya eres amor. Ya eres paz. En el Cielo hay un lugar preparado para ti. ¡Vamos!

John-Roger

Nadie llega donde el viajero sin ser elevado. Éstas también pueden ser las palabras de tu plegaria y la conciencia que demuestres: "Nadie acudirá a mí sin que yo le irradie algo de la grandeza del Espíritu, de la Luz y del amor divino, de Baraka". Tú lo puedes hacer. Es un servicio a la humanidad mucho mayor de lo que te puedo expresar en palabras. Eso simplemente es así.

Un Emisario De Dios

La Plegaria del Maestro

MI PAZ TE DOY, porque tengo paz, y mi amor te doy, porque tengo amor. Te doy a ti, porque soy todo. Soy eterno, soy el Alfa y el Omega. Soy el eterno Ahora, el maná que cae del Cielo. Soy autorrealizado y todo está aquí para mí, ahora mismo, en este momento. Y como soy todas esas cosas, y como tú y yo somos uno, tú también eres todas esas cosas.

Puede que mi comprensión sea mayor en este momento en el tiempo, pero esa es la única diferencia entre tu conciencia y la mía. Somos uno a través de Baraka y todo se comparte ahora. Decimos juntos: "Padre, Madre, Dios, estoy tan feliz por mi conocimiento de ti. Voy a usar mi conciencia despierta sólo para gloria Tuya, porque soy Tu instrumento. Cualquier cosa que haga, la haré en tu nombre. Haré todo en nombre de Dios, con el Maestro interno trabajando conmigo y guiándome".

A medida que experimentas y expresas tu divinidad, los grilletes de la negatividad van cayendo, el pasado se disuelve y accedes a esos planos celestiales donde los grandes Maestros de Luz están esperando para darte la bienvenida a tu hogar, a aquello que es tu herencia.

John-Roger

Baruch bashan
Las bendiciones ya existen
Todas las bendiciones
Ya están presentes

Glosario

ALMA. Esencia de Dios en el cuerpo físico. Extensión individualizada del Espíritu, capaz de tener conciencia de sí misma. Elemento positivo en el cuerpo humano, en un nivel negativo de conciencia.

BARAKA. Palabra Sufí que significa energía divina, amor divino que el Espíritu brinda, a través de sus emisarios, a aquellos que hacen buenas obras.

BARUCH BASHAN. Palabras hebreas que significan "las bendiciones ya existen". Las bendiciones del Espíritu están presentes aquí y ahora.

CONCIENCIA DEL VIAJERO MÍSTICO. Conciencia espiritual que existe a través de todos los niveles de la creación de Dios. Está presente dentro de cada uno de nosotros y sirve de guía hacia los niveles elevados del Espíritu, hacia la gran realidad de Dios. Puede apoyar a las personas a despejar su karma (equilibrando acciones del pasado); su trabajo se realiza internamente, en los niveles espirituales. Esta conciencia está siempre anclada en el planeta a través de una forma física.

CORRIENTE DEL SONIDO. Energía audible que fluye de Dios a través de todos los reinos. Energía espiritual en la cual una persona retorna al corazón de Dios.

DARSHAN. Una visión de la Luz, una bendición espiritual que se transmite a través del ser de un maestro espiritual, normalmente a través de los ojos. Puede proporcionar una elevación inmediata de la conciencia.

EJERCICIOS ESPIRITUALES. Cantar el Jiú, el Anai-Jiú o el tono de iniciación personal. Una técnica activa para sobrepasar la mente y las emociones cantando un tono que conecta con la Corriente del Sonido. Apoyan a una persona a romper las ilusiones de los niveles inferiores y, en última instancia, a acceder al conocimiento de la conciencia del Alma y más arriba.

KAL O PODER DE KAL. Poder del Señor de todos los reinos negativos. Manifiesta la luz magnética. Tiene autoridad sobre el reino físico, incluyendo el planeta, el cuerpo, la imaginación, las emociones, la mente y el inconsciente. Es llamado el "probador", porque tiene la tarea principal de distraernos con las ilusiones del mundo, hasta que demostremos ser dignos de entrar en el reino de los Cielos. Kal no tiene poder sobre el Alma ni sobre el poder de Cristo, que es la cabeza espiritual del planeta, y tampoco sobre los Viajeros Místicos.

LUZ. Energía del Espíritu que penetra todos los niveles de conciencia. La Luz espiritual más elevada tiene su origen en el reino del Alma y superior, y también es conocida como la Luz del Espíritu Santo. La luz magnética es la Luz de Dios que funciona en los reinos negativos; no es tan elevada como la Luz del Espíritu Santo y no funciona necesariamente para los más altos fines.

MOVIMIENTO DEL SENDERO INTERNO DEL ALMA (MSIA). Organización cuyo enfoque primordial es

Glosario

conducir al Alma de regreso a Dios. Enseña la trascendencia del Alma, lo que significa tomar conciencia de uno mismo como Alma y, más que eso, de ser uno con Dios.

Nivel del diez por ciento. Nivel físico de existencia, en contraste con el noventa por ciento de existencia de una persona, que está más allá del reino físico. El nivel del noventa por ciento es esa parte de la existencia de una persona que va más allá del nivel físico: es decir, la existencia de uno en los niveles astral, causal, mental, etérico y del Alma.

Niveles de conciencia. Planos o reinos de existencia más allá del universo físico, que corresponden a los elementos de la conciencia humana (imaginación, emociones, mente, subconsciente, inconsciente y Alma). Niveles negativos de conciencia y su correspondiente herramienta en la conciencia humana: reino astral, con la herramienta de la imaginación; reino causal, con la herramienta de las emociones; reino mental, con la herramienta de la mente; reino etérico, con las herramientas del subconsciente y el inconsciente. Niveles positivos de conciencia: reino del Alma y más allá, con el Alma como vehículo.

Santo sanctorum (escuela divina del santo sanctorum). Foco de energía inmediata de Dios y los alrededores, que son afectados de manera especial por la energía de Dios.

SATSANG. Estar en la presencia de un maestro o de un guía espiritual, quien ofrece las enseñanzas del Espíritu. Comunión con el Espíritu a través de una energía espiritual. Puede suceder en presencia de uno de estos seres o en una reunión para ver o escuchar un seminario.

SILENCIOSOS. Fuerzas espirituales que provienen del Dios Supremo. Creador de Dios. Amplifican, manifiestan, mantienen y estabilizan la Palabra de Dios.

SONIDO. Corriente del Sonido que se puede escuchar durante los ejercicios espirituales. Hay que seguirlo para regresar al corazón de Dios. Parte de la trinidad (la Luz, el amor y el Sonido) dentro de cada uno.

TWAJI. Palabra árabe que significa la mirada profunda de Dios. Se puede experimentar durante los ejercicios espirituales, de parte del Viajero Místico o de un maestro espiritual que trabaje desde el nivel del Alma y más allá. El efecto puede implicar un cambio de vida relacionado con la responsabilidad hacia el Espíritu.

Bibliografía

De entre los cientos de seminarios que ha dado John-Roger y la decena de libros que ha escrito, queremos destacar algunos que nos pueden apoyar especialmente en esta aventura espiritual que hemos emprendido, en búsqueda de lo Divino. Estos materiales nos proporcionan guía e inspiración, además de brindarnos la oportunidad de hacer el mundo a un lado, por un momento, e internarnos en nosotros mismos. Con su gran amor, J-R nos invita a poner en práctica las enseñanzas del Viajero Místico, al ir expandiendo nuestra conciencia del Alma de una manera más profunda en nuestro camino de regreso al corazón de Dios.

"Plantéate un desafío y permite que ese desafío se manifieste todo el tiempo: Desde este momento en adelante, desde este instante mismo de la existencia, empezaré a encontrar felicidad y paz dentro de mí, invocaré el nombre de Dios mañana, tarde y noche y me dedicaré por entero a la elevación de toda conciencia que encuentre en mi camino. Por lo tanto, sonreiré interna y externamente, no me avergonzaré de mi amor y lo demostraré totalmente. Simplemente estaré presente y le otorgaré a los demás el mismo espacio para que se desarrollen".

— **John-Roger**

Bibliografía

CD's

Nuestra canción de amor y el cántico del Anai-Jiú
Este CD te ayudará a familiarizarte con un mantra del nombre de Dios, precedido de una plegaria de John-Roger, llamada "Nuestra Canción de Amor". Contiene, además, el cántico del Anai-Jiú, entonado por estudiantes del MSIA.
1610-CDS

La meditación del equilibrio corporal
Éste es el único cuerpo que tendrás para esta vida. A través del proceso de reprogramación que se ofrece aquí, puedes alcanzar un peso equilibrado y lograr buena salud en todos los niveles.
7543-CDS

La meditación de Luxor
Esta meditación fue grabada en el antiguo Templo de Luxor (Egipto). El propósito de ella es expandir tu conciencia hacia las dimensiones espirituales internas. Deja que las vibraciones sagradas resuenen dentro de ti para que creen equilibrio, sanación, armonía y paz.
7303-CDS

La meditación de la abundancia
Practiquemos la abundancia de Dios. John-Roger nos explica de qué manera podemos crear una actitud de abundancia y éxito en nuestra conciencia, en vez de una de carencia y fracaso.
7303-CDS

Los Mundos Internos de la Meditación
Discos 1, 2 y 3
Meditaciones guiadas por los Viajeros para lograr una mayor paz y bienestar y expandir nuestra conciencia espiritual.
7691-CDS

Bibliografía

LIBROS

¿Cómo se siente ser tú? (En co-autoría con Paul Kaye)
¿Qué sucedería si dejaras de hacer lo que supones que debes hacer y comenzaras a ser quien eres? Este libro ofrece ejercicios y meditaciones que te ayudarán a explorar quién eres realmente; contiene la Reprogramación "Meditación para Alinearse con el Ser Verdadero".
025-8S

¿Cuándo regresas a casa? (En co-autoría con Pauli Sanderson)
El viaje espiritual es la aventura más excitante, interesante y entretenida que puedas emprender. Las enseñanzas de John-Roger integran lo sagrado con lo terrenal. Este libro ofrece claves prácticas para enriquecer tu vida y sintonizarte con la fuente de sabiduría que siempre tienes en tu interior.
023-1S

El guerrero espiritual: el arte de vivir con espiritualidad
Este libro es una guía práctica para darle un mayor significado a la vida cotidiana, lo que promueve buena salud, bienestar y felicidad; prosperidad, abundancia y riqueza; amar, cuidar, compartir y llegar al corazón de los demás.
048-1S

El sexo, el espíritu y tú
El título de por sí resulta irresistible. En el mercado no existe ningún otro libro que integre conceptos tales como "sexualidad" y "espiritualidad" de una manera tan natural como lo hace John-Roger.
962-9S

Bibliografía

El Descanso Pleno
Probablemente no te consideres tan ocupado como para no poder respirar, beber agua o alimentarte. Sin embargo, cuando se trata de "nutrirte" o de "sustentarte" a ti mismo (a Ti Mismo), el descanso puede ser tan importante como el aire, el agua o la comida. ¿Por qué, entonces, sufrimos de falta de descanso? Tal vez sea simplemente porque no sabemos cómo descansar. Si alguna vez has dicho que te vendría bien un descanso, este libro es el indicado para ti. Empieza ahora mismo y hazlo para el resto de tu vida.
043-6S

La Fuente de tu Poder
Los medios para crear lo que quieres están a tu alcance, ya que tus mayores recursos y herramientas están en tu interior. Descubre la manera de utilizar positivamente tu mente y el poder que tiene la mente consciente, subconsciente e inconsciente.
924-6S

Momentum: Dejar que el Amor Guíe (en co-autoría con Paul Kaye)
¿A quién no le gustaría tener una vida perfectamente equilibrada?
Lo que este libro plantea es que la vida ya funciona y que la clave radica en incorporar el amor a ella. Éste es un curso sobre cómo amar.
018-5S

Relaciones: amor, matrimonio y espíritu
Este libro revela fórmulas prácticas para entregar y recibir más amor, así como para ser más feliz y vivir con plenitud.
005-3S

Bibliografía

Sabiduría Sin Tiempo

El Dr. John-Roger tiene una habilidad única para articular verdades acerca de la vida aquí y en el Espíritu. Coloca en palabras actuales la sabiduría sin tiempo de amantes y conocedores de Dios a través de los tiempos. Los setenta y tres capítulos del libro incluyen temas tales como:

Eres Divino
Las Enseñanzas Están En Nuestro Interior
Ponerse Medias Rojas O Azules: Tú Decides
Por Aquí Tiene Que Haber Un Pony
El Mundo Es Perfecto; A Ti Simplemente No Te Gusta De Esa Forma
Si Va A Ser Gracioso Más Adelante, Es Gracioso Ahora
¿Aburrido Y Cansado De Estar Cansado Y Aburrido?
Hay Que Ser Muy Valiente Para Ver El Rostro De Dios
047-4S

Disertaciones del conocimiento del alma

El corazón de las enseñanzas de John-Roger, las Disertaciones del Conocimiento del Alma, son una herramienta para lograr una mayor conciencia de nosotros mismos y de nuestras relaciones con el mundo y con Dios. Cada curso de estudio anual incluye doce lecciones, una por mes. Las Disertaciones ofrecen numerosas claves prácticas para tener una vida más exitosa. Y aún más importante que eso, ellas proporcionan claves para alcanzar un conocimiento espiritual más profundo y tomar conciencia del Alma.

Serie del conocimiento del alma (SAT)

La suscripción a la serie SAT (CD's) provee un nuevo seminario de John-Roger al mes sobre una amplia gama de temas que incluyen desde la vida práctica hasta la elevación espiritual.

Bibliografía

Amando cada día

Amando cada Día es un mensaje electrónico que contiene una cita inspiradora de John-Roger (Fundador del MSIA) o de John Morton (Director Espiritual del MSIA). El sentido de estos mensajes es inspirarte y ofrecerte una pausa para reflexionar sobre el Espíritu interno.
"Amando cada Día" está disponible en cuatro idiomas: inglés, español, francés y portugués.
La suscripción es gratuita y bajo pedido.
Para suscribirse, visita el sitio web www.msia.org

Para más información o si quieres hacer un pedido,
visita nuestra tienda en línea en www.msia.org;
también puedes escribirnos por e-mail a pedidos@msia.org,
enviarnos un fax al (323) 328-9006
o llamarnos al (323) 737-4055 en EE.UU.

Sobre el autor

Maestro y conferencista de talla internacional, con millones de libros impresos, John-Roger ha ayudado a la gente por más de tres décadas a descubrir el Espíritu interior, y encontrar así salud, paz y prosperidad.

John-Roger ha publicado más de treinta libros, dos de ellos en co-autoría, que han alcanzado el primer lugar en la lista de libros más vendidos del New York Times, convirtiéndolo en un recurso extraordinario sobre muchos temas.

Es Fundador de la Iglesia ecuménica del Movimiento del Sendero Interno del Alma (MSIA), que se enfoca en la Trascendencia del Alma; Presidente del Instituto para la Paz Individual y Mundial (IIWP); Canciller de la Universidad de Santa Mónica (USM); y Presidente del Peace Theological Seminary & College of Philosophy (PTS).

John-Roger ha dictado más de cinco mil seminarios a lo ancho y largo del mundo, muchos de los cuales se televisan a nivel nacional en su programa por cable "That Which Is". Ha participado como invitado principal en los programas "Roseanne Show", "Politically Incorrect" y en la cadena CNN, en "Larry King Live", y aparece habitualmente en radio y televisión.

De profesión educador y Ministro, John-Roger sigue trabajando para transformar la vida de muchas personas, instruyéndolas en la sabiduría del corazón espiritual.

Para mayor información, contactarse con el:
MSIA
P.O. Box 513935,
Los Angeles, CA. 90051-1935 – EE.UU.
Teléfono: (323) 737-4055 en EE.UU.
pedidos@msia.org
www.msia.org
www.john-roger@msia.org

www.ingramcontent.com/pod-product-compliance
Lightning Source LLC
Chambersburg PA
CBHW022358040426
42450CB00005B/240